Utilize este código QR para se cadastrar de forma mais rápida:

Ou, se preferir, entre em:
www.moderna.com.br/ac/livroportal
e siga as instruções para ter acesso aos conteúdos exclusivos do
Portal e Livro Digital

CÓDIGO DE ACESSO:
A 00392 BUPHIST1E 2 76464

Faça apenas um cadastro. Ele será válido para:

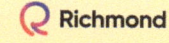

SANTILLANA EDUCAÇÃO · Richmond · SANTILLANA ESPAÑOL

Da semente ao livro,
sustentabilidade por todo o caminho

Plantar florestas
A madeira que serve de matéria-prima para nosso papel vem de plantio renovável, ou seja, não é fruto de desmatamento. Essa prática gera milhares de empregos para agricultores e ajuda a recuperar áreas ambientais degradadas.

Fabricar papel e imprimir livros
Toda a cadeia produtiva do papel, desde a produção de celulose até a encadernação do livro, é certificada, cumprindo padrões internacionais de processamento sustentável e boas práticas ambientais.

Criar conteúdos
Os profissionais envolvidos na elaboração de nossas soluções educacionais buscam uma educação para a vida pautada por curadoria editorial, diversidade de olhares e responsabilidade socioambiental.

Construir projetos de vida
Oferecer uma solução educacional Moderna é um ato de comprometimento com o futuro das novas gerações, possibilitando uma relação de parceria entre escolas e famílias na missão de educar!

MODERNA

Apoio: TWO SIDES
www.twosides.org.br

Fotografe o Código QR e conheça melhor esse caminho.
Saiba mais em moderna.com.br/sustentavel

BURITI Plus HISTÓRIA 2

Organizadora: Editora Moderna
Obra coletiva concebida, desenvolvida e produzida pela Editora Moderna.

Editora Executiva:
Ana Claudia Fernandes

DE ACORDO COM A BNCC

NOME: ....
....TURMA: ....
ESCOLA: ....
....

1ª edição

MODERNA

© Editora Moderna, 2018

MODERNA

Elaboração dos originais:

Denise Trevisan de Góes
Bacharel em Ciências Sociais pela Universidade de São Paulo. Bacharel em Comunicação Social pela Faculdade de Comunicação Social Cásper Líbero. Editora.

Lucimara Regina de Souza Vasconcelos
Bacharel e licenciada em História pela Universidade Federal do Paraná. Mestre em Teoria Literária pelo Centro Universitário Campos de Andrade. Editora.

Maiara Henrique Moreira
Bacharel e licenciada em História pela Universidade de São Paulo. Editora.

Mônica Torres Cruvinel
Bacharel em História pela Universidade de São Paulo. Editora.

Raphael Fernandes
Bacharel em História pela Universidade de São Paulo. Editor.

Thais Regina Videira
Bacharel e licenciada em História pela Universidade de São Paulo. Editora.

Edição de texto: Lucimara Regina de Souza Vasconcelos, Maiara Henrique Moreira, Raphael Fernandes dos Santos
Assistência editorial: Raphael Fernandes dos Santos
Preparação de texto: Cintia Shukusawa Kanashiro
Gerência de *design* e produção gráfica: Everson de Paula
Coordenação de produção: Patricia Costa
Suporte administrativo editorial: Maria de Lourdes Rodrigues
Coordenação de *design* e projetos visuais: Marta Cerqueira Leite
Projeto gráfico: Daniel Messias, Daniela Sato, Mariza de Souza Porto
Capa: Daniel Messias, Mariza de Souza Porto, Otávio dos Santos
   Ilustração: Raul Aguiar
Coordenação de arte: Denis Torquato
Edição de arte: Ana Carlota Rigon
Editoração eletrônica: Ana Carlota Rigon
Edição de infografia: Luiz Iria, Priscilla Boffo
Ilustrações de vinhetas: Daniel Messias, Ana Carolina Orsolin
Coordenação de revisão: Elaine C. del Nero, Maristela S. Carrasco
Revisão: Dirce Y. Yamamoto, Gloria Cunha, Nancy H. Dias, Renata Brabo, Sandra G. Cortés, Tatiana Malheiro
Coordenação de pesquisa iconográfica: Luciano Baneza Gabarron
Pesquisa iconográfica: Aline Chiarelli, Evelyn Torrecilla, Vanessa Manna
Coordenação de *bureau*: Rubens M. Rodrigues
Tratamento de imagens: Fernando Bertolo, Joel Aparecido, Luiz Carlos Costa, Marina M. Buzzinaro
Pré-impressão: Alexandre Petreca, Everton L. de Oliveira, Marcio H. Kamoto, Vitória Sousa
Coordenação de produção industrial: Wendell Monteiro
Impressão e acabamento: Ricargraf
Lote: 768.559
Cod: 12113032

Dados Internacionais de Catalogação na Publicação (CIP)
(Câmara Brasileira do Livro, SP, Brasil)

Buriti plus história / organizadora Editora Moderna ; obra coletiva concebida, desenvolvida e produzida pela Editora Moderna – 1. ed. – São Paulo : Moderna, 2018. (Projeto Buriti)

Obra em 4 v. para alunos do 2º ao 5º ano.

1. História (Ensino fundamental) I.

18-17164　　　　　　　　　　　　　CDD-372.89

Índices para catálogo sistemático:
1. História : Ensino fundamental　　372.89

Maria Alice Ferreira - Bibliotecária - CRB-8/7964

ISBN 978-85-16-11303-2 (LA)
ISBN 978-85-16-11304-9 (GR)

Reprodução proibida. Art. 184 do Código Penal e Lei 9.610 de 19 de fevereiro de 1998.
Todos os direitos reservados
EDITORA MODERNA LTDA.
Rua Padre Adelino, 758 - Belenzinho
São Paulo - SP - Brasil - CEP 03303-904
Vendas e Atendimento: Tel. (0_ _11) 2602-5510
Fax (0_ _11) 2790-1501
www.moderna.com.br
2022
Impresso no Brasil

1　3　5　7　9　10　8　6　4　2

Que tal começar o ano conhecendo seu livro?

Veja nas páginas 6 e 7 como ele está organizado.

Nas páginas 8 e 9, você fica sabendo os assuntos que vai estudar.

Neste ano, também vai conhecer e colocar em ação

algumas atitudes que ajudarão você a conviver melhor

com as pessoas e a solucionar problemas.

7 atitudes para a vida

Aproveite o que já sabe!
Use o que aprendeu até hoje para resolver uma questão.

Faça perguntas!
Não esconda suas dúvidas nem sua curiosidade. Pergunte sempre.

Tente outros caminhos!
Procure jeitos diferentes para resolver a questão.

Vá com calma!
Não tenha pressa. Pense bem antes de fazer alguma coisa.

Organize seus pensamentos antes de falar ou escrever!
Capriche na hora de explicar suas ideias.

Ouça as pessoas com respeito e atenção!
Reflita sobre o que está sendo dito.

Seja criativo!
Invente, use sua imaginação.

Nas páginas 4 e 5, há um jogo para você começar a praticar cada uma dessas atitudes.

Divirta-se!

Jogo da vizinhança

Seis pessoas vão se mudar para uma vizinhança. Na rua onde vão morar, existem seis casas disponíveis. Que sorte! Mas elas querem ficar em casas com certas características. Vamos ajudá-las?

1. As casas disponíveis têm placas amarelas.
2. Leia nos balões onde cada vizinho deseja morar.
3. Coloque os moradores na casa que cada um deseja.
4. Preencha a tabela com o resultado.
5. Crie exigências para outros moradores e ocupe as casas com placas azuis. Depois, desafie um colega!

Laura: Bem longe da praça.

Carlos: Em frente ao meu sobrinho Sílvio.

Nina: Casa ímpar, longe da farmácia.

Sílvio: Ao lado da minha mãe, Nina.

Míriam: Ficarei na casa 8.

Emerson: Vista para a farmácia.

Casa 1

FARMÁCIA

4

Aplique neste jogo as 7 atitudes para a vida.

Ouça as pessoas com respeito e atenção!
Preste bastante atenção nas orientações do professor e ouça as dúvidas dos colegas. Elas vão ajudá-lo a compreender as regras.

Vá com calma!
Observe bem a exigência de cada morador. Tente começar pelo mais exigente.

Tente outros caminhos!
Talvez você precise mudar um morador de lugar para conseguir atender outro.

Organize seus pensamentos!
Leia a exigência de todos os moradores. Depois, preste atenção e atenda um de cada vez.

Faça perguntas!
Se tiver dúvida sobre as exigências dos moradores, pergunte ao professor ou aos colegas.

Aproveite o que já sabe!
Depois de atender à exigência de um dos moradores, a próxima será mais fácil.

Seja criativo!
Observe com atenção a imagem para ocupar as casas.

ILUSTRAÇÕES: SANDRA LAVANDEIRA

	Carlos	Sílvio	Emerson	Nina	Míriam	Laura
Casa						

Conheça seu livro

Seu livro está organizado em 4 unidades.
Veja o que você vai encontrar nele.

Abertura da unidade

Nas páginas de abertura, você vai explorar imagens e perceber que já sabe muitas coisas.

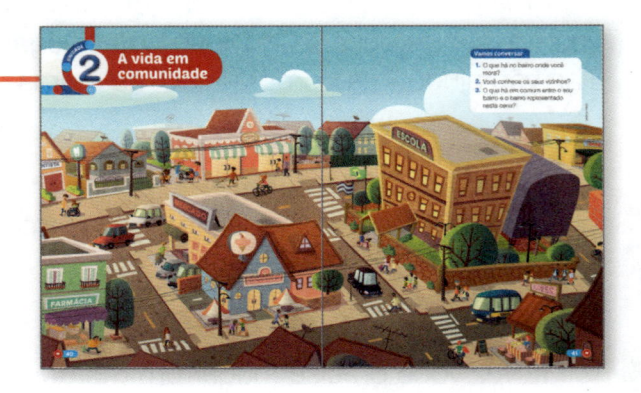

Capítulo e atividades

Você aprenderá muitas coisas novas estudando os capítulos e resolvendo as atividades.

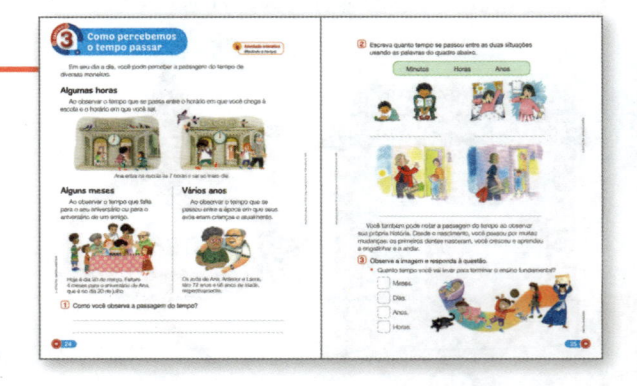

Para ler e escrever melhor

Você vai ler um texto e perceber como ele está organizado. Depois, vai escrever um texto com a mesma organização. Assim, você aprenderá a ler e a escrever melhor.

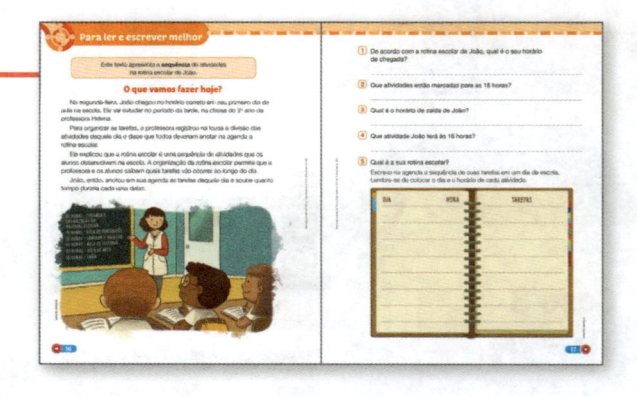

O mundo que queremos

Você vai ler, refletir e realizar atividades sobre algumas posturas no cotidiano, como se relacionar com as pessoas, valorizar e respeitar as diferentes culturas, colaborar para preservar o meio ambiente e cuidar da saúde.

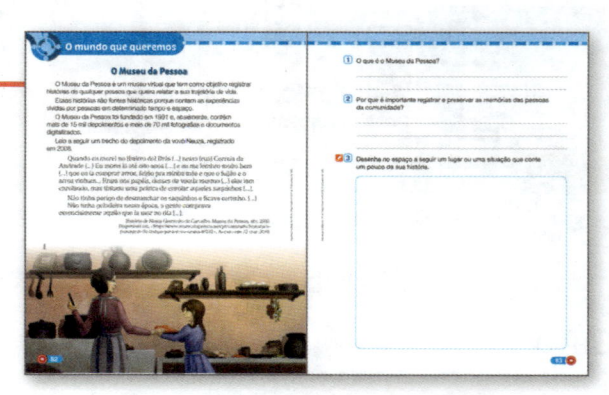

Como as pessoas faziam para...

Você vai descobrir alguns aspectos do dia a dia das pessoas no passado e perceber o que mudou e o que permaneceu até os dias atuais.

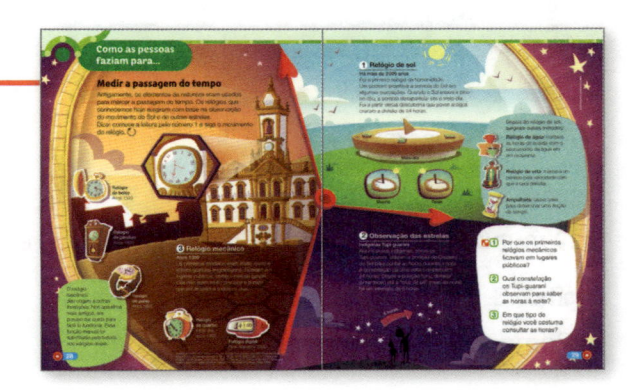

O que você aprendeu

Nessas páginas, você vai encontrar mais atividades para rever o que estudou na unidade e aplicar seus conhecimentos em várias situações.

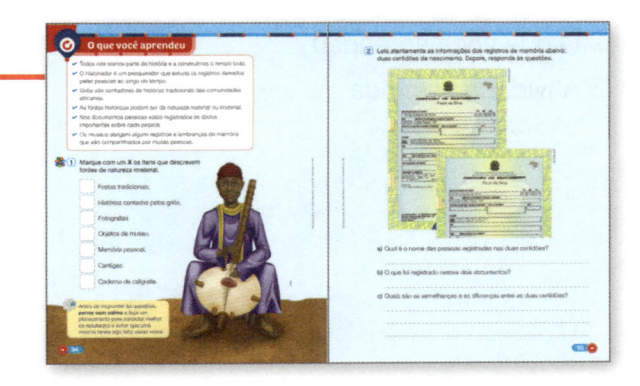

Atividade divertida

Nessa seção, você vai se divertir enquanto recorda alguns conteúdos.

Ícones utilizados

Ícones que indicam como realizar algumas atividades:

- Atividade oral
- Atividade em dupla
- Atividade em grupo
- Atividade no caderno
- Desenho ou pintura
- Recortar e colar
- Uso de tecnologias

Ícone que indica as 7 atitudes para a vida:

Ícone que indica os objetos digitais:

Sumário

Unidade 1 — A passagem do tempo 10

- **Capítulo 1.** O tempo dos relógios 12
- Para ler e escrever melhor 16
- **Capítulo 2.** Noções de tempo 18
- O mundo que queremos: *Entre o passado e o futuro* 22
- **Capítulo 3.** Como percebemos o tempo passar 24
- Como as pessoas faziam para... 28
- **Capítulo 4.** Presente, passado, futuro 30
- O que você aprendeu 34
- Atividade divertida 38

Unidade 2 — A vida em comunidade 40

- **Capítulo 1.** Harmonia na convivência 42
- Para ler e escrever melhor 46
- **Capítulo 2.** Viver em grupo 48
- O mundo que queremos: *As decisões do grupo* 52
- **Capítulo 3.** A rua tem história 54
- Como as pessoas faziam para... 58
- **Capítulo 4.** Passado e presente de um bairro 60
- O que você aprendeu 64
- Atividade divertida 68

UNIDADE 3 — Marcas da história ... 70

Capítulo 1. Memória e história ... 72
- Para ler e escrever melhor ... 76

Capítulo 2. Documentos e registros pessoais ... 78
- O mundo que queremos: *O Museu da Pessoa* ... 82

Capítulo 3. Memórias e tradições ... 84
- Como as pessoas faziam para... ... 88

Capítulo 4. Memória escolar ... 90
- O que você aprendeu ... 94
- Atividade divertida ... 98

UNIDADE 4 — Trabalho ... 100

Capítulo 1. O que é trabalho? ... 102
- Para ler e escrever melhor ... 106

Capítulo 2. Profissionais da comunidade ... 108
- O mundo que queremos: *Trabalho voluntário* ... 112

Capítulo 3. Profissões do passado ... 114
- Como as pessoas faziam para... ... 118

Capítulo 4. Trabalho e meio ambiente ... 120
- O que você aprendeu ... 124
- Atividade divertida ... 126

Encartes ... 130

UNIDADE 1
A passagem do tempo

A rotina de Marcelo

- Dormir
- Tomar café da manhã e arrumar-se
- Ir para a escola, estudar e voltar para casa
- Almoçar e assistir à TV
- Fazer a lição de casa e jogar futebol
- Tomar banho, jantar e escovar os dentes

ROBERTO ZOELLNER

Vamos conversar

1. Observe as rotinas de Marcelo e de Júlia.
2. O que elas têm em comum?
3. Descreva a sua rotina diária.

A rotina de Júlia

- Dormir
- Tomar café da manhã e fazer a lição de casa
- Fazer aula de balé, arrumar-se e almoçar
- Ir para a escola e estudar
- Voltar para casa e brincar com a amiga
- Jantar, escovar os dentes e ler um livro

CAPÍTULO 1 — O tempo dos relógios

Atividade interativa
Relógios: digital e analógico

Alguns tipos de relógio

Os relógios medem a passagem do tempo em segundos, minutos e horas. Existem muitos tipos de relógio. Vamos conhecer alguns deles?

- O **relógio de água** é um dos instrumentos usados para marcar o tempo mais antigos que se conhecem. Ele marca o tempo por meio da passagem da água de um recipiente para outro.

Relógio de água.

- O **relógio de sol** marca o tempo por meio de uma vareta fixada no centro de um disco. No decorrer do dia, com o movimento aparente do Sol, a sombra da vareta se move.

Relógio de sol.

- O **relógio de areia** ou **ampulheta** funciona da mesma maneira que o relógio de água, mas, no lugar da água, coloca-se areia.

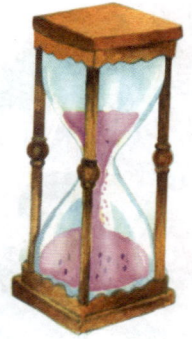

Relógio de areia ou ampulheta.

Atualmente, utilizamos relógios de ponteiros ou digitais. Eles podem ter diferentes formatos.

Relógio de ponteiros.

Relógio digital.

1 Qual é a duração de cada uma das ações descritas a seguir?

- O pássaro bateu asas e voou.

  ☐ Horas. ☐ Segundos.

  ☐ Minutos.

- Lucas tomou o café da manhã.

  ☐ Horas. ☐ Segundos.

  ☐ Minutos.

2 Observe os relógios e responda às questões.

Relógio de sol.

Relógio de ponteiros.

- O que esses relógios têm em comum?

  _____

  _____

- Quais são as diferenças entre eles?

  _____

  _____

  _____

  _____

  _____

Dia, semana, mês e ano

Um **dia** tem 24 horas e pode ser dividido em manhã, tarde e noite.

Uma **semana** tem 7 dias: domingo, segunda-feira, terça-feira, quarta-feira, quinta-feira, sexta-feira e sábado.

Um **mês** pode ter 28, 29, 30 ou 31 dias.

Um **ano** tem 12 meses e pode ter 365 ou 366 dias.

Calendário

Para registrar e organizar as divisões de tempo, podemos usar um calendário.

3 Observe o calendário e responda às questões.

- Quais meses têm 30 dias? E quais têm 31 dias?

_____

- Qual mês não tem nem 30 nem 31 dias?

☐ Setembro. ☐ Janeiro. ☐ Fevereiro.

Outro tipo de calendário

Ao longo do tempo, as sociedades criaram diversos tipos de calendário. No Brasil, muitos povos indígenas marcam o tempo de acordo com o plantio, a colheita, as festas ou os períodos de chuvas e de cheias dos rios.

Observe o calendário cultural Atikum.

Calendário feito por professores indígenas do povo Atikum, do estado de Pernambuco. *Referencial curricular nacional para as escolas indígenas*. Brasília: MEC/SEF, 1998. p. 206.

4 Em quantos meses o calendário Atikum é dividido?

_____

No calendário Atikum, os meses são organizados de acordo com as atividades importantes para esse povo, como o preparo do solo para o plantio e a colheita do feijão.

5 Esse calendário se parece com o calendário da página 14? Por quê?

_____
_____
_____
_____

Para ler e escrever melhor

Este texto apresenta a **sequência** de atividades na rotina escolar de João.

O que vamos fazer hoje?

Na segunda-feira, João chegou no horário correto em seu primeiro dia de aula na escola. Ele vai estudar no período da tarde, na classe do 2º ano da professora Helena.

Para organizar as tarefas, a professora registrou na lousa a divisão das atividades daquele dia e disse que todos deveriam anotar na agenda a rotina escolar.

Ela explicou que a rotina escolar é uma sequência de atividades que os alunos desenvolvem na escola. A organização da rotina escolar permite que a professora e os alunos saibam quais tarefas vão ocorrer ao longo do dia.

João, então, anotou em sua agenda as tarefas daquele dia e soube quanto tempo duraria cada uma delas.

13 HORAS – CHEGADA E ORGANIZAÇÃO DO MATERIAL ESCOLAR
14 HORAS – AULA DE PORTUGUÊS
15 HORAS – LANCHAR E BRINCAR
16 HORAS – AULA DE HISTÓRIA
17 HORAS – AULA DE ARTE
18 HORAS – SAÍDA

1. De acordo com a rotina escolar de João, qual é o seu horário de chegada?

   _____

2. Que atividades estão marcadas para as 15 horas?

   _____

3. Qual é o horário de saída de João?

   _____

4. Que atividade João terá às 16 horas?

   _____

5. Qual é a sua rotina escolar?

   Escreva na agenda a sequência de suas tarefas em um dia de escola. Lembre-se de colocar o dia e o horário de cada atividade.

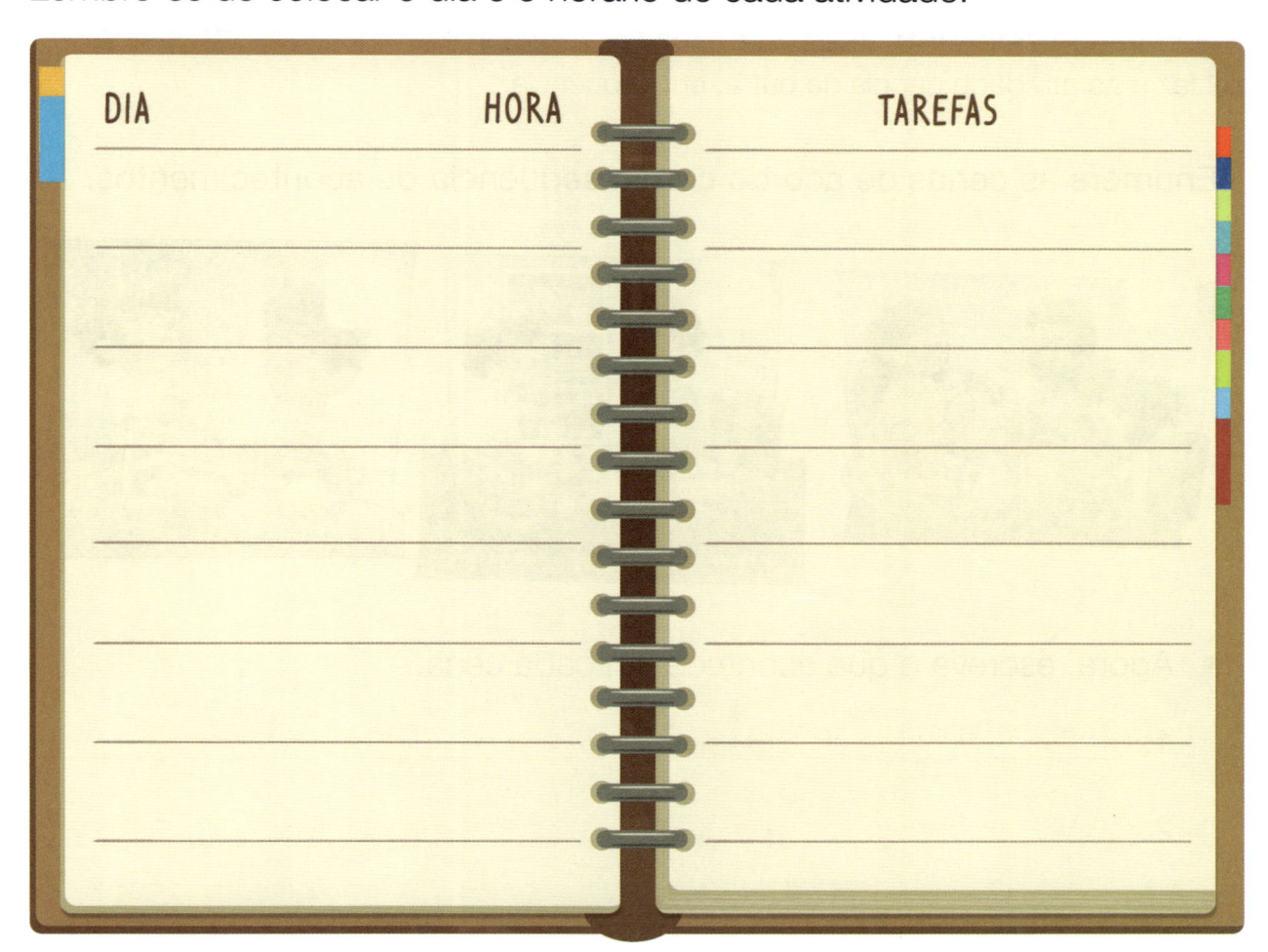

DIA	HORA	TAREFAS

CAPÍTULO 2 — Noções de tempo

Acontecimentos em sequência

Ao observar a passagem do tempo, percebemos que os acontecimentos podem ocorrer em sequência, um depois do outro.

Veja a tirinha que mostra Daniel construindo uma pipa. Primeiro ele corta o papel, depois monta a pipa e, em seguida, com a irmã Renata, solta a pipa no quintal de sua casa.

Daniel faz uma atividade depois da outra, em sequência.

1. Enumere as cenas de acordo com a sequência de acontecimentos.

- Agora, escreva o que acontece em cada cena.

1. _____

2. _____

3. _____

Ao mesmo tempo

Muitos acontecimentos, porém, são simultâneos. Isso quer dizer que eles acontecem ao mesmo tempo.

Observe a rua em que mora a família Santos.

Enquanto Paulo passeia com o cachorro na calçada, Vera joga *videogame* em casa e os pais dela assistem à televisão. No andar de cima, André estuda no computador. Todos estão realizando alguma atividade ao mesmo tempo.

2. Pinte de amarelo os quadradinhos das cenas que mostram atividades que estão acontecendo ao mesmo tempo.

- Como você chegou a essa conclusão?

Antes, durante e depois

Podemos observar um acontecimento **enquanto** ele ocorre. É possível também perceber o que aconteceu **antes** e o que aconteceu **depois** desse evento.

1 Pedro, Larissa e Bruno aguardam o começo do jogo.

"Vocês conseguem dizer qual time vai ganhar antes de o jogo começar?"

2 Aos 20 minutos do primeiro tempo, Pedro e Larissa comemoram.

"Goooool!"

"O nosso time vai ganhar!"

3 Aos 10 minutos do segundo tempo, é a vez de Bruno gritar gol.

"Vamos saber o resultado somente depois de o jogo terminar."

4 E o jogo termina.

"O jogo terminou e nossos times empataram!"

ILUSTRAÇÕES: EVANDRO MARENDA

3 Releia a história em quadrinhos e responda às questões.

- Qual é o quadrinho que mostra uma cena antes de o jogo começar? Como você chegou a essa conclusão?

  _____

  _____

- O que aconteceu durante o jogo?

  _____

- É possível dizer qual será o resultado do jogo antes de ele terminar? Por quê?

  _____

  _____

- O que aconteceu no fim do jogo?

  _____

4 Agora é a sua vez. Desenhe uma atividade que você faz:

antes de ir à escola.   depois de sair da escola.

O mundo que queremos

Entre o passado e o futuro

Há um lugar que, ao mesmo tempo, abriga mais de 400 idosos e onde funciona uma pré-escola para crianças de 3 a 5 anos. Nesse lugar, chamado centro de aprendizado **intergeracional**, de segunda-feira a sexta-feira, idosos e crianças fazem diversas atividades juntos, como dança, arte, contação de histórias, visitas ao parquinho e outras brincadeiras.

Segundo os coordenadores da instituição, o contato entre as crianças e os idosos beneficia a todos. As crianças aprendem a respeitar, a ter paciência e a agir com gentileza e afeto. Além disso, elas alegram o dia a dia dos idosos que vivem no asilo e muitas vezes se sentem sozinhos.

Os idosos têm histórias valiosas para compartilhar e essa reunião permite que, no presente, as histórias do passado sejam contadas por quem as viveu.

Intergeracional: relação entre pessoas de idades diferentes, por exemplo, entre crianças e idosos.

Texto elaborado com base nas informações do *site* Uol Educação. Idosos e crianças trocam afetos em espaço que junta asilo e pré-escola. Disponível em: <https://educacao.uol.com.br/noticias/2015/06/19/idosos-e-criancas-trocam-afetos-em-espaco-que-junta-asilo-e-pre-escola.htm>. Acesso em: 12 mar. 2018.

1. Releia o texto sobre o centro de aprendizado intergeracional. Você já viveu uma experiência parecida?

2. Pinte as imagens que mostram atividades que crianças e idosos podem fazer juntos.

3. Marque com um **X** as palavras que indicam atitudes que as crianças devem ter com os idosos.

☐ Ouvir com atenção.   ☐ Paciência.

☐ Respeito.   ☐ Desobediência.

4. Entreviste a pessoa mais velha da família para saber um pouco da sua história de vida. Utilize o roteiro a seguir e anote as respostas no caderno.

- Qual é o seu nome e a sua idade, ou a sua data de nascimento?
- Qual foi o acontecimento mais importante da sua vida? Por quê?
- O que você mais gostava de fazer quando era criança?
- O que você mais gosta de fazer atualmente?

Após a entrevista, leia para a classe as respostas dadas por seu entrevistado.

CAPÍTULO 3

Como percebemos o tempo passar

Atividade interativa — Medindo o tempo

Em seu dia a dia, você pode perceber a passagem do tempo de diversas maneiras.

Algumas horas

Ao observar o tempo que se passa entre o horário em que você chega à escola e o horário em que você sai.

Ana entra na escola às 7 horas e sai ao meio-dia.

Alguns meses

Ao observar o tempo que falta para o seu aniversário ou para o aniversário de um amigo.

Hoje é dia 20 de março. Faltam 4 meses para o aniversário de Ana, que é no dia 20 de julho.

Vários anos

Ao observar o tempo que se passou entre a época em que seus avós eram crianças e atualmente.

Os avós de Ana, Antenor e Laura, têm 72 anos e 68 anos de idade, respectivamente.

1. Como você observa a passagem do tempo?

_____
_____

2 Escreva quanto tempo se passou entre as duas situações usando as palavras do quadro abaixo.

> Minutos   Horas   Anos

_____   _____

_____

Você também pode notar a passagem do tempo ao observar sua própria história. Desde o nascimento, você passou por muitas mudanças: os primeiros dentes nasceram, você cresceu e aprendeu a engatinhar e a andar.

3 Observe a imagem e responda à questão.

- Quanto tempo você vai levar para terminar o ensino fundamental?

☐ Meses.

☐ Dias.

☐ Anos.

☐ Horas.

Manhã, tarde e noite

A repetição dos dias e das noites também indica a passagem do tempo. Durante o dia, o sol ilumina praças, ruas e jardins e, quando a noite chega, já está escuro, um sinal de que o dia está acabando e é hora de dormir e descansar.

4 Estas situações acontecem de manhã, à tarde ou à noite?

_____   _____   _____

Dividimos o tempo de um dia em manhã, tarde e noite. Em cada um desses períodos, realizamos diversas atividades.

5 Leia as atividades descritas no quadro. Em seguida, selecione as que você realiza em cada período do dia e preencha as colunas da tabela.

Almoçar   Ir para a escola   Estudar   Jantar
Tomar café da manhã   Tomar banho   Dormir   Brincar

Manhã	Tarde	Noite

Organizar o tempo

Tudo o que fazemos tem uma duração.

Dividimos o tempo para organizar nossa rotina e para saber quando um acontecimento ocorreu ou vai ocorrer.

Uma forma de organizar a rotina diária é utilizar uma agenda.

> **Você sabia?**
>
> A agenda é um caderno em que você pode registrar as atividades que serão realizadas em um dia. Ao anotar as tarefas na agenda, podemos nos organizar e lembrar o que temos para fazer!
>
> Na agenda, dividimos o dia em horas. Cada hora tem 60 minutos, cada minuto tem 60 segundos e o segundo passa muito rápido, como quando piscamos os olhos.

6 Vera anotou em sua agenda algumas atividades.

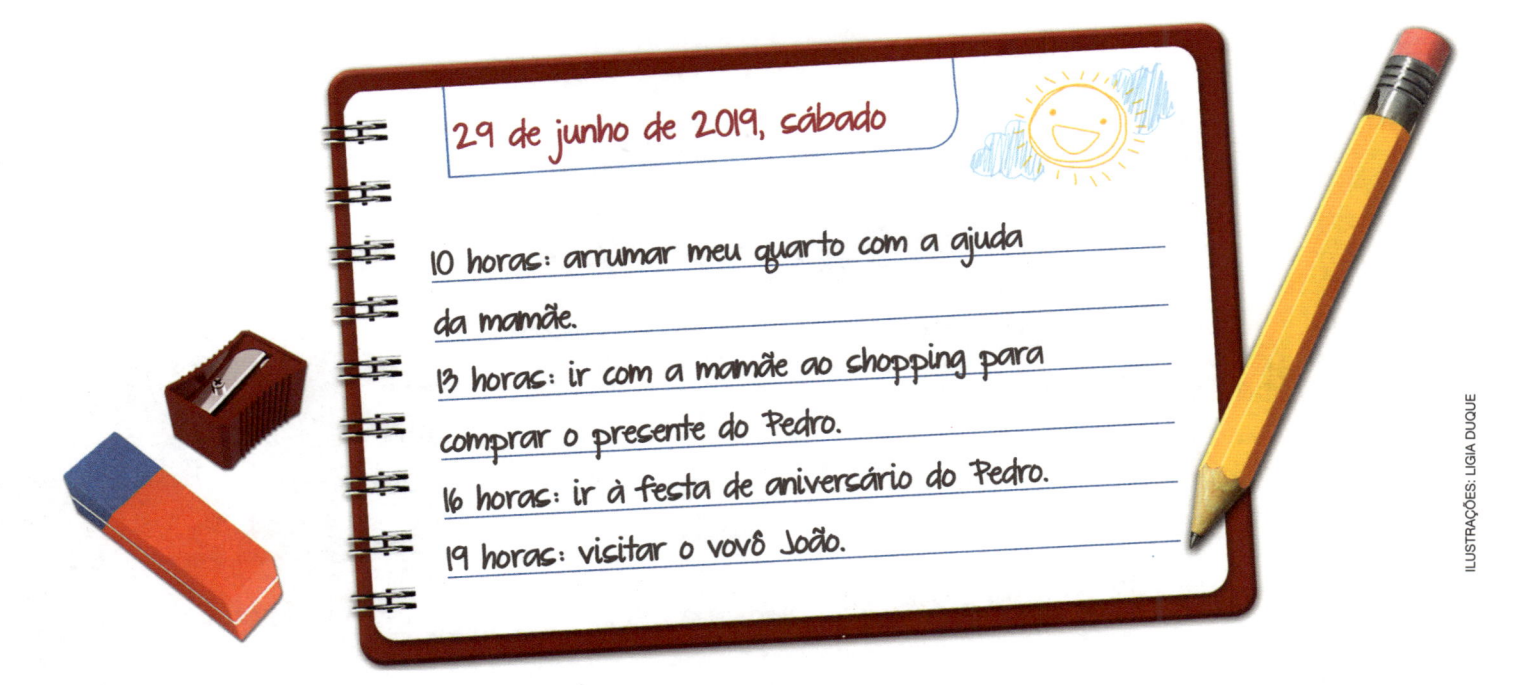

29 de junho de 2019, sábado

10 horas: arrumar meu quarto com a ajuda da mamãe.

13 horas: ir com a mamãe ao shopping para comprar o presente do Pedro.

16 horas: ir à festa de aniversário do Pedro.

19 horas: visitar o vovô João.

- Quantas atividades Vera registrou no dia 29 de junho de 2019? Em quais períodos do dia?

_____

_____

Como as pessoas faziam para...

Medir a passagem do tempo

Antigamente, os elementos da natureza eram usados para marcar a passagem do tempo. Os relógios que conhecemos hoje surgiram com base na observação do movimento do Sol e de outras estrelas.

Dica: comece a leitura pelo número 1 e siga o movimento do relógio.

Relógio de bolso
Anos 1500

Relógio de pêndulo
Anos 1600

❸ Relógio mecânico
Anos 1300
Os primeiros modelos eram muito caros e tinham grandes engrenagens. Ficavam em lugares públicos, como torres de igrejas. Eles não eram muito precisos e tinham que ser ajustados todos os dias.

Relógio de pulso
Anos 1800

O relógio mecânico deu origem a outras invenções. Nos aparelhos mais antigos, era preciso dar corda para fazê-lo funcionar. Essa função manual foi substituída pela bateria nos relógios atuais.

Relógio de quartzo
Início dos anos 1900

Relógio digital
Final dos anos 1900

Fontes: AFONSO, G. B. Mitos e Estações no Céu Tupi-guarani. *Scientific American Brasil* (Edição Especial: Etnoastronomia), v. 14, p. 46-55, 2006; WHITROW, G. J. *O Tempo na História*. Rio de Janeiro: Jorge Zahar, 1993; ROSSUM, G. D. *History of the Hour: Clocks and Modern Temporal Orders*. Estados Unidos: The University of Chicago Press, 1996.

1 Relógio de sol

Há mais de 2 000 anos

Foi o primeiro relógio da humanidade. Um ponteiro projetava a sombra do Sol em algumas marcações. Quando o Sol estava a pino no céu, a sombra desaparecia: era o meio-dia. Foi a partir dessa descoberta que povos antigos criaram a divisão de 24 horas.

Meio-dia

Manhã   Tarde

Depois do relógio de sol, surgiram outros métodos:

Relógio de água: contava as horas de acordo com o escoamento da água em um recipiente.

Relógio de vela: marcava um período pela velocidade com que a cera derretia.

Ampulheta: usava areia para determinar uma fração de tempo.

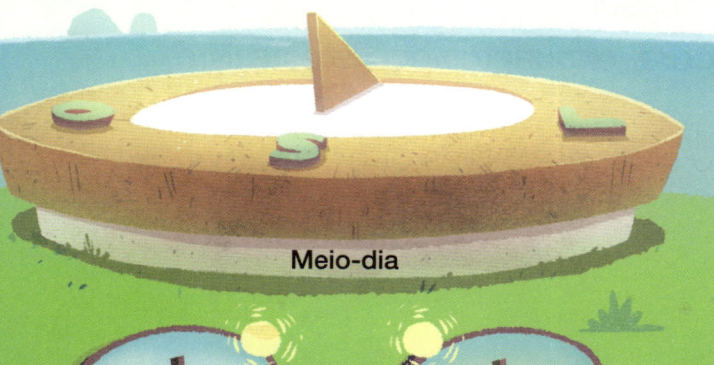

2 Observação das estrelas

Indígenas Tupi-guarani

Alguns povos indígenas, como os Tupi-guarani, utilizam a posição do Cruzeiro do Sul para contar as horas durante a noite. A constelação dá uma volta completa em 24 horas. Desde a posição "cruz deitada" (entardecer) até a "cruz de pé" (meio da noite), há um intervalo de 6 horas.

6 horas

1 Por que os primeiros relógios mecânicos ficavam em lugares públicos?

2 Qual constelação os Tupi-guarani observam para saber as horas à noite?

3 Em que tipo de relógio você costuma consultar as horas?

CAPÍTULO 4 — Presente, passado, futuro

Ontem, hoje e amanhã

O tempo pode ser dividido em presente, passado e futuro.

Passado é o que já aconteceu. Pode ser um passado próximo, como o dia de ontem. Ou distante, como o dia em que você nasceu. Ou mais distante ainda, como o dia em que seu avô nasceu.

Presente é o que está acontecendo agora, enquanto você lê este livro, por exemplo.

Futuro é o que ainda vai acontecer. É o amanhã, o mês que vem, o ano que vem, e assim por diante.

Hoje o dia está bom para empinar pipa. Se não chover **amanhã**, vamos ao parque?

Ontem choveu. Tivemos de brincar dentro de casa.

1 Leia os balões e escreva se cada situação corresponde ao presente, ao passado ou ao futuro.

> Estou guardando meus brinquedos.

> Amanhã será aniversário do meu irmãozinho.

_____

_____

> No ano passado, nós viajamos para Ilhéus, na Bahia.

> Quando eu tinha 1 ano, falei minha primeira palavra: "mamãe".

_____

_____

2 Pinte o quadrinho que completa cada frase.

- O que aconteceu ontem é:

| Presente | Passado | Futuro |

- O que está acontecendo agora é:

| Presente | Passado | Futuro |

- O que vai acontecer amanhã é:

| Presente | Passado | Futuro |

Tempo e transformação

Muitas mudanças ocorrem com o passar do tempo. Observar a natureza é uma das maneiras de perceber essas mudanças.

Lara e os colegas participaram de um projeto na escola. Eles plantaram uma semente de girassol.

1ª fase — DIA 1

2ª fase — DIA 15

3ª fase — DIA 30

4ª fase — DIA 90

Com o passar dos dias, eles observaram que a semente brotou e a planta cresceu.

Depois de algum tempo e, com os cuidados necessários, o girassol floresceu.

3 Enumere as fases de acordo com o desenvolvimento do girassol.

☐ DIA 15

☐ DIA 30

☐ DIA 1

4 Observe a sequência do projeto de Lara na página 32 e responda.

- O que aconteceu com a semente de girassol entre a 1ª fase e a 2ª fase? Quanto tempo se passou?

  _____
  _____

- E entre a 3ª fase e a 4ª fase, o que ocorreu? Quanto tempo se passou?

  _____
  _____

5 Reúna-se em grupo com dois colegas e conversem sobre as mudanças em seu dia a dia que vocês observam com a passagem do tempo.

- Depois, cada um deverá registrar no caderno as mudanças observadas pelos colegas.

O que você aprendeu

- Podemos perceber a passagem do tempo ao observar os acontecimentos que se repetem ao longo das horas, dos dias, das semanas, dos meses e dos anos.
- A classificação do tempo em passado, presente e futuro nos informa quando os acontecimentos ocorreram, ocorrem ou ocorrerão.
- O calendário serve para demonstrar a organização dos dias, das semanas e dos meses de um ano.

1 Quanto tempo se passou? Pinte os quadrinhos de acordo com a legenda.

■ Horas   ■ Dias   ■ Anos

2 As palavras a seguir referem-se aos períodos do dia. Reescreva-as colocando as letras na ordem correta.

iNeot   nãhaM   radTe

_____ _____ _____

3 Observe as ilustrações e escreva o período do dia em que você faz estas atividades.

_____ _____

_____

4 Escreva no quadro o seu nome, o nome de quatro colegas e a data do aniversário de cada um. Depois, consulte um calendário e marque **X** para indicar se a data é um acontecimento do presente, do passado ou do futuro.

	Nome	Data de aniversário	Presente	Passado	Futuro
1.					
2.					
3.					
4.					
5.					

5 Marque com um **X** as características de cada tipo de relógio.

Relógio	de água	de sol	de ponteiros	de areia	digital
Pode precisar de bateria.					
Baseia-se em elementos da natureza.					
Mostra a hora em detalhes.					

36

6 Complete as frases com as palavras disponíveis nos quadros abaixo.

| relógio | semana | dia | ano |

- Um _____ dura 24 horas. Utilizamos o _____ para marcar as horas.

- Uma _____ tem 7 dias.

- Um _____ tem 12 meses e pode ter 365 ou 366 dias.

7 Preencha a cruzadinha com as respostas dos itens.

A. Tempo que está para chegar, quando as situações ainda vão acontecer.

B. Tipo de caderno que serve para registrar as atividades que serão realizadas.

C. Aquilo que ocorre ao mesmo tempo.

D. O momento que você está vivendo agora.

E. O tempo em que as situações já ocorreram.

Atividade divertida

Observe as imagens com atenção. Será que a ordem dos quadrinhos e das legendas está correta?

Nesta atividade vamos nos divertir ao **aplicar os conhecimentos adquiridos** sobre a passagem do tempo e a ordem em que os eventos acontecem.

O último sábado poderia ter sido um dia comum, mas ficou gravado na memória de Heloísa.

Era a primeira vez que ela ia ao cinema.

Antes, precisou comprar os ingressos.

O cheiro da pipoca se espalhava pelo lugar.

As luzes se apagaram e as pessoas se calaram.

Foi quando a aventura começou.

Destaque os adesivos da página 130 do encarte do fim do livro. Depois, cole-os na sequência em que a história aconteceu.

UNIDADE 2
A vida em comunidade

Vamos conversar

1. O que há no bairro onde você mora?
2. Você conhece os seus vizinhos?
3. O que há em comum entre o seu bairro e o bairro representado nesta cena?

CAPÍTULO 1. Harmonia na convivência

Convivemos com diferentes grupos de pessoas: em casa, na escola e em nossa comunidade.

Para manter um bom relacionamento com todos, é preciso praticar a empatia.

Empatia é a capacidade de colocar-se no lugar do outro e imaginar como você se sentiria se estivesse na mesma situação. Assim, podemos ser gentis e ajudar o outro no que ele precisar.

— Esqueci de trazer meu lanche.
— Eu divido o meu com você.

— Renata, vem brincar de pega-pega sentado com a gente!

— O senhor gostaria de passar na frente?

Quando percebemos como a pessoa está se sentindo – se está triste, zangada, aborrecida ou assustada –, conseguimos agir para ajudá-la a se sentir melhor.

— Não precisa chorar. Você pode brincar com a minha bola.

ILUSTRAÇÕES: CLAUDIA MARIANNO

Respeito

Ter empatia também significa tratar com respeito pessoas que agem e pensam de maneira diferente de você.

É possível conviver em harmonia com pessoas diferentes de nós, se pensarmos que o diferente não é errado, ruim ou pior. Somos todos semelhantes, mas não somos iguais.

Semelhante: parecido.

1 Você já agiu com empatia em alguma situação? Conte aos colegas como foi.

2 Descreva a situação a seguir. Se você pudesse mudar as ações das crianças, o que faria de diferente?

É muito importante tentar colocar-se no lugar do outro para entender suas dificuldades e ajudá-lo.

Menino sendo excluído pelos colegas de escola.

3 Observe a imagem e leia a legenda. Você concorda com esta atitude? Por quê?

Menino comendo sozinho na hora do lanche, enquanto os outros alunos estão em grupos.

Aprendizado em família

No convívio com a família, aprendemos valores, costumes e como nos comportar em diferentes lugares e situações. A vivência em família nos ensina que os problemas podem ser resolvidos em conjunto, respeitando as diferenças individuais.

Na rotina familiar, algumas regras são estabelecidas e é preciso respeitá-las para que a convivência seja boa e harmoniosa.

Em cada moradia, por exemplo, há um horário determinado para tomar banho, se alimentar, fazer a lição de casa e dormir.

Além disso, em muitas famílias, não só as obrigações são compartilhadas, mas também os momentos de lazer.

Hora da leitura

- *A família do Marcelo*, de Ruth Rocha. Editora Salamandra, 2012.

Todos os moradores podem cuidar da organização e da limpeza da casa. Para isso, é preciso que cada um se responsabilize por alguma tarefa.

Atividade interativa
Jogo dos erros dos cuidados com a casa

A divisão de tarefas faz parte das regras de convivência familiar, e cada pessoa da família deve fazer a sua parte. Enquanto alguma pessoa da família arruma a casa, outras podem preparar as refeições ou ir ao supermercado fazer as compras.

CLAUDIA MARIANNO

Você tem o hábito de cooperar nas tarefas domésticas? **Aplique os conhecimentos** que você já tem e coloque-os em prática em sua casa.

4. Converse com as pessoas com quem você mora sobre as regras de convivência que existem em casa. Escreva nas linhas a seguir quais são essas regras.

_____
_____
_____
_____
_____

Para ler e escrever melhor

O texto a seguir **enumera** algumas regras de convivência que podem ser aplicadas em casa e na escola.

Algumas regras de convivência cabem bem em qualquer situação.

1. A melhor maneira de começar uma conversa ou até uma amizade é cumprimentando as pessoas.

— Bom dia.
— Bom dia, tudo bem?

2. Sempre que saímos de um lugar devemos nos despedir das pessoas dizendo "tchau" ou "até logo".

— Tchau, até a próxima.
— Até semana que vem!

3. Emprestar seus pertences é partilhar, e devolver os dos outros é mostrar respeito.

— Obrigada pelo livro.
— Obrigada por devolver.

4. Quando precisar usar o material do colega, peça permissão primeiro.

— Posso usar a sua borracha?
— Sim, claro.

5. É natural cometer erros e, às vezes, esses erros podem ferir ou magoar alguém. Se isso acontecer, não seja tímido, peça desculpas.

— Desculpe-me, foi sem querer.
— Tudo bem, mas tenha mais cuidado.

1 Reúna-se com dois colegas e enumerem ao menos cinco regras de convivência que vocês consideram importantes na escola e em casa.

_____

_____

_____

_____

2 Marque com um **X** as atitudes que tornam a convivência mais harmoniosa nos ambientes que você frequenta. É possível marcar mais de uma opção.

Regras de convivência	Casa	Escola	Outro lugar
Preocupar-se com os sentimentos dos colegas.			
Brincar e estudar em grupo, sem excluir nenhum colega.			
Cumprimentar as pessoas ao encontrá-las.			
Emprestar seus pertences se alguém pedir e precisar.			
Devolver em bom estado os objetos que pediu emprestados.			
Colaborar na organização do espaço.			
Reconhecer os seus erros e pedir desculpas.			
Colocar-se no lugar do outro e ajudá-lo no que ele precisar.			
Respeitar as regras e os horários estabelecidos.			

CAPÍTULO 2

Viver em grupo

Os grupos sociais são formados por um conjunto de pessoas que têm interesses, necessidades, afinidades ou habilidades em comum. Alguns grupos, por exemplo, se reúnem para se dedicar a um trabalho ajudando pessoas.

Voluntários distribuem sopa para moradores de rua. Município de São Paulo, estado de São Paulo, 2016.

Doutores da Alegria divertem crianças em hospital. Município de São Paulo, estado de São Paulo, 2012.

Esses agrupamentos, que começam na infância, vão se ampliando e, na vida adulta, dão origem a outros grupos, como novas famílias, grupos no trabalho, nos esportes e em outras práticas sociais.

Um conjunto de grupos compõe uma comunidade. E a soma de diversas comunidades que interagem entre si forma uma sociedade.

As pessoas que compõem um **grupo social** geralmente convivem com frequência e, por isso, partilham experiências, histórias, valores e costumes.

Nem sempre pessoas que estão juntas em um mesmo lugar formam um grupo social. Os clientes de um mercado aguardando na fila do caixa formam um **grupo casual**, pois essas pessoas se encontraram por acaso e não vão se reunir novamente com o mesmo objetivo.

1 Classifique os grupos sociais de acordo com a legenda.

GS Grupo social   GC Grupo casual

Pessoas na fila do banco.

Time de futebol.

Pessoas andando de ônibus.

Pessoas vendo filme no cinema.

Alunos em uma aula na universidade.

Família e amigos em festa de casamento.

Muitos grupos se reúnem regularmente para prestar algum serviço à comunidade. Em várias cidades e bairros, os moradores cuidam dos espaços comuns, por exemplo uma rua, uma biblioteca, uma praça ou uma horta.

Cada morador colabora com o que sabe fazer, como limpeza, jardinagem, marcenaria e pintura. Dessa maneira, as pessoas se conhecem e se sentem pertencentes à comunidade.

A praça vai ficar mais bonita agora.

O parque vai ficar mais limpo agora.

Que delícia! Verduras frescas e saudáveis.

Muitas crianças vão poder ler estes livros que eu estou doando.

ILUSTRAÇÕES: BENTINHO

50

No município de São Paulo, existem moradores que se unem para melhorar e conservar as praças da região onde vivem. Conheça como essa história começou.

Movimento Boa Praça

Moradora do Alto de Pinheiros, em São Paulo, a pequena Alice estava prestes a completar 4 anos de idade em 2008, quando pediu à mãe, Cecília, que a festa fosse realizada no parquinho da praça [...]. Cecília disse à filha que o espaço estava muito deteriorado e que seria difícil organizar a celebração ali. Ouviu como resposta: "a gente conserta, mãe".

Foi da energia e do desejo de uma criança, acolhidos pela mãe e por todo o bairro, que surgiu o Movimento Boa Praça. [...]

A pedido de Cecília, a subprefeitura consertou os brinquedos e emprestou toldos. Amigos músicos da família foram tocar, um supermercado doou as lixeiras que foram instaladas e uma academia das redondezas colocou uma cama elástica para as crianças. Alguns vizinhos deram dinheiro, outros foram contar histórias, fotografar, fazer mosaicos, plantar, colaborar como podiam. [...]

Rede Nacional Primeira Infância. *Movimento Boa Praça*. Disponível em: <http://primeirainfancia.org.br/criancaeoespaco/inspire-se/inspire-se-movimento-boa-praca/>. Acesso em: 8 mar. 2018.

Deteriorado: em mau estado de conservação; estragado.

Atividade ao ar livre do Movimento Boa Praça. Município de São Paulo, estado de São Paulo, 2017.

2 Se a praça próxima a sua casa fosse reformada, que melhorias você gostaria que fossem feitas nela?

O mundo que queremos

As decisões do grupo

No Brasil, há centenas de povos indígenas. Cada um tem seus costumes, suas tradições, sua língua e seu jeito de morar.

O conjunto de moradias indígenas forma uma aldeia. As moradias podem ser habitadas por uma família ou compartilhadas por várias delas. Nas construções são usados materiais retirados da natureza, como palha, madeira, cipó e folhas.

Alguns povos organizam suas aldeias em torno de uma grande praça circular. Nessa praça, todos os moradores se encontram, e ali são tomadas as decisões políticas da aldeia.

Nela também são realizadas as cerimônias religiosas, as festas e os jogos. Essas aldeias circulares são encontradas entre alguns povos das regiões central e norte do Brasil.

Aldeia circular do povo Kayapó. Município de São Félix do Xingu, estado do Pará, 2016.

1. O que é aldeia? Marque com um **X** a resposta correta.

    ☐ É o lugar onde os indígenas apenas praticam a agricultura.

    ☐ É o conjunto organizado de moradias indígenas.

    ☐ É o lugar onde os indígenas praticam a caça.

2. Pesquise em *sites*, livros e revistas outras formas de organização de uma aldeia indígena e faça o desenho de uma delas.

CAPÍTULO 3

A rua tem história

As residências, as escolas e os lugares onde as pessoas trabalham e se divertem localizam-se em uma rua.

A rua é um espaço público e coletivo usado para o trânsito de pessoas e de veículos. Algumas ruas também são usadas como espaço de lazer e de encontro entre seus moradores.

Cada rua tem um nome, pois assim é mais fácil localizá-la e diferenciá-la de outras. É comum o nome da rua e o do bairro se relacionarem com a história do lugar.

Comércios, moradias e veículos na rua das Velas. Município de Itatiaia, estado do Rio de Janeiro, 2016.

1. Sabendo que, muitas vezes, os nomes das ruas estão ligados à história do lugar, observe as dicas e responda à questão.

> A rua Bonito-lindo, em Joinville, estado de Santa Catarina, fica entre a rua Pica-Pau e a rua Perdiz.

> Antigamente, nesse local, havia muitos bonitos-lindos, hoje em dia há poucos.

Pássaro bonito-lindo.   Placa da rua Bonito-lindo.   Ave pica-pau.    Ave perdiz.

- Por que a rua recebeu esse nome?

_____

_____

54

2 Qual é o nome da rua onde você mora?

_____

_____

3 Pergunte a um adulto que mora na mesma rua que você por que ela tem esse nome.

_____

_____

4 Siga o roteiro a seguir e entreviste um adulto de sua convivência.

a) Qual é o seu nome?

_____

b) Qual é a sua idade?

_____

c) Você se lembra do nome da rua em que morava quando criança?

_____

d) Quais são as diferenças entre a rua onde você morava e a rua onde mora agora?

_____

_____

_____

A ladeira Porto Geral, no município de São Paulo, estado de São Paulo, tem esse nome porque nessa região ficava o antigo porto do rio Tamanduateí.

Chegavam a esse porto e partiam dele pequenas embarcações que transportavam cereais, frutas, hortaliças e peixes das fazendas, das chácaras e dos rios próximos a São Paulo.

O porto não existe mais, porque esse trecho do rio foi desviado e canalizado, mas o nome da ladeira permanece o mesmo. Hoje, essa rua é um importante centro comercial de lojas populares e recebe milhares de pessoas todos os dias.

Vista da ladeira Porto Geral, 1862.

Vista da ladeira Porto Geral, 1915.

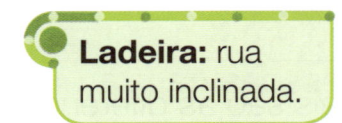

Ladeira: rua muito inclinada.

Atividade interativa
Desenhe a sua rua

Vista da ladeira Porto Geral, 2015.

5 Qual era a principal atividade realizada na região da ladeira Porto Geral no passado?

6 Qual é a principal atividade na ladeira Porto Geral atualmente?

A rua, a calçada ou outros lugares próximos à moradia podem ser espaços para brincadeira. Crianças de diferentes idades costumam se encontrar para brincar, como uma maneira de aproveitar o tempo livre e se divertir com os amigos. Pessoas jovens e adultas acompanham de perto as crianças para garantir a segurança delas, e, assim, outros grupos se reúnem na rua.

As crianças mais novas aprendem com as mais velhas as regras das brincadeiras. Desse modo, a rua se torna um espaço em que as tradições podem permanecer ao longo do tempo.

Crianças brincando com figurinhas. Município de São Paulo, estado de São Paulo, 1963.

Crianças brincando com figurinhas. Município de Manaus, estado do Amazonas, 2015.

7 Marque um **X** nas imagens que representam atitudes adequadas das pessoas na rua.

Pessoas sentadas na calçada, 2015.

Pessoa atravessando a rua fora da faixa de pedestres, 2011.

Crianças brincando de queimada, 2013.

Pessoa jogando lixo pela janela do carro, 2015.

Como as pessoas faziam para...

Construir uma moradia na comunidade

Por muito tempo, as moradias de barro amassado, madeira e cipó foram comuns no Brasil, por causa da facilidade de obter os materiais e do baixo custo de produção. Atualmente, casas desse tipo ainda são construídas no meio rural. Em muitas comunidades, os vizinhos são solidários e ajudam na construção dessas moradias.

1ª etapa: Aplanamento

O terreno deve ser aplanado e batido para receber a construção. Em seguida, valas são cavadas de acordo com o tamanho e a forma da moradia. Essas valas são preenchidas com pedras para evitar que a umidade do solo estrague as paredes feitas de barro.

2ª etapa: Esteamento

Os esteios são pedaços de madeira que têm a função de sustentar a estrutura das paredes e as vigas da cobertura de palha ou de telhas.

3ª etapa: Amarração

Bambus são amarrados aos esteios com cipós para formar uma grade. Nessa etapa, os moradores decidem os locais onde ficarão a porta e as janelas.

4ª etapa: Barreamento

O barro é amassado com os pés e, então, começa o trabalho de barreamento, feito por pelo menos duas pessoas. Enquanto uma preenche a parede por dentro da casa, outra preenche por fora. Crianças também podem participar do mutirão e, assim, esse conhecimento é transmitido para outras gerações.

1 As moradias feitas de barro amassado ainda são construídas no Brasil? Onde?

_____

2 Ordene de acordo com as etapas de construção de uma casa de barro amassado.

☐ Amarração.

☐ Esteamento.

☐ Barreamento.

☐ Aplanamento.

3 Você acha importante a ajuda dos vizinhos? Por quê?

CAPÍTULO 4
Passado e presente de um bairro

Atividade interativa
Ruas de ontem, ruas de hoje

Um conjunto de ruas forma um **bairro**, e a história desse lugar pode ser conhecida por meio da **memória** dos antigos moradores. Para conhecer essa história, podemos conversar com eles ou ler seus depoimentos.

Veja o exemplo a seguir.

Naqueles tempos, [o Cinema Belém] exibia "espetáculos completos", que constavam de três filmes de longa-metragem, além de complementos. Começavam às 19 horas e iam até meia-noite, com dois intervalos, para que os espectadores pudessem lanchar e fazer suas necessidades. Como não havia ainda restrição quanto aos menores, as famílias levavam a criançada toda, com cestas de sanduíches, doces, pastéis e garrafas d'água.

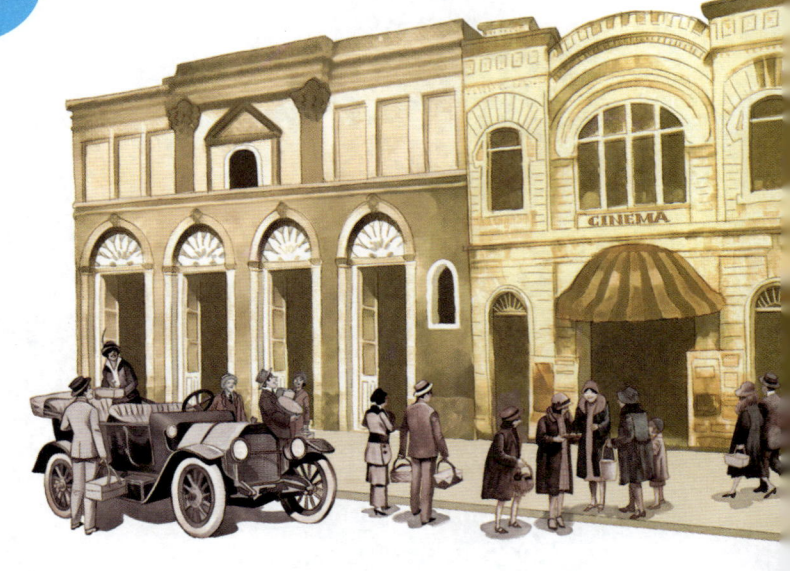

Jacob Penteado. *Belènzinho, 1910*: retrato de uma época. São Paulo: Carrenho Editorial, 2003. p. 176.

As imagens antigas de um lugar são **documentos históricos** importantes para descobrirmos alguns fatos do passado e para observarmos as características das construções, das ruas, dos meios de transporte e também como se portavam as pessoas.

1. Observe a fotografia ao lado. O que é possível descobrir, por meio da imagem, sobre o passado do centro da cidade de Porto Alegre?

Região central do município de Porto Alegre, estado do Rio Grande do Sul, 1928.

2 Leia os textos e observe as imagens sobre o bairro do Brás, no município de São Paulo, estado de São Paulo.

Texto 1

O Brás era um bairro cinzento, com ruas de paralelepípedo e poucos automóveis. Ao meio-dia as sirenes anunciavam a hora do almoço nas fábricas. Como não existiam prédios, de toda parte viam-se chaminés e as torres da igreja de Santo Antônio apontando para o céu.

[...] [Depois que me mudei] Voltei algumas vezes ao Brás para visitar amigos, meus avós, meus tios e primos que continuaram por lá por mais alguns anos. Mas já não era a mesma coisa.

Drauzio Varella. *Nas ruas do Brás*. São Paulo: Companhia das Letrinhas, 2000. p. 25 e 78.

Região do Brás em 1958.

Texto 2

O Bairro do Brás [...] hoje é conhecido como um dos principais centros do comércio popular na cidade, destino diário de milhares de sacoleiros e sacoleiras de todo o Brasil.

[...] o Brás mudou de feição. [...] Hoje, as ruas do bairro são sinônimo de comércio popular.

André Ghedine. *Folha da Manhã Ltda*. Acervo on-line. Disponível em: <http://almanaque.folha.uol.com.br/bairros_bras.htm>. Acesso em: 8 mar. 2018.

Região do Brás em 2014.

- De acordo com os textos e as imagens, quais são as principais mudanças pelas quais o bairro do Brás passou desde a época narrada no **Texto 1** até os dias atuais?

Os bairros passam por muitas modificações ao longo do tempo. O local onde a cidade de Salvador, no estado da Bahia, foi fundada, em 1549, hoje é o centro histórico da cidade, que cresceu muito em tamanho e número de habitantes.

Atualmente, no centro histórico de Salvador, museus, praças, igrejas e casas preservam traços do passado.

No centro da cidade, onde hoje estão a praça Municipal, o Terreiro de Jesus e o Pelourinho, moravam os senhores de engenho, os comerciantes e os oficiais mecânicos. As ruas eram calçadas e as duas praças ali existentes eram de terra vermelha e quase sem árvores.

Essas praças serviam como ponto de encontro e de bate-papos entre amigos, e nelas, em fins de semana, se realizavam festas, touradas e jogos.

Avanete Pereira Sousa. *Salvador, capital da colônia*. São Paulo: Atual, 1995. p. 26.

Vista do centro histórico do município de Salvador, estado da Bahia, 2014.

Senhor de engenho: dono de plantações de cana-de-açúcar.

Oficial mecânico: pessoa que realizava trabalhos e confeccionava objetos de forma manual.

Praça Terreiro de Jesus. Município de Salvador, estado da Bahia, 2012.

3 Observe, na página anterior, a foto da praça Terreiro de Jesus e compare-a com a descrição do texto na mesma página. O que mudou com a passagem do tempo?

_____

4 De acordo com o texto, faça um desenho de como era a praça Terreiro de Jesus no passado.

As procissões em homenagem aos santos eram uma das principais formas de lazer no passado e tomavam as ruas de Salvador. As pessoas aproveitavam para conversar umas com as outras e observar o movimento nas ruas enfeitadas. Muitas vezes, esses festejos terminavam com música e dança.

O Pelourinho é um dos bairros mais antigos da cidade de Salvador e hoje é ponto de encontro para as pessoas que gostam de arte e cultura. Muitos eventos acontecem nas ruas desse bairro, como *shows* e apresentações de dança.

Músicos batucando nas ruas do Pelourinho. Município de Salvador, estado da Bahia, 2015.

O que você aprendeu

- Para manter um bom relacionamento com as pessoas, é preciso praticar a empatia.
- Os grupos sociais são formados por pessoas com interesses, necessidades, afinidades ou habilidades em comum.
- As ruas e os bairros são espaços públicos e coletivos.
- Conversar com antigos moradores, observar fotografias e visitar construções antigas são maneiras de conhecer a história de uma localidade.

1 Marque um **X** nas imagens que representam situações de respeito, empatia e boa convivência em comunidade.

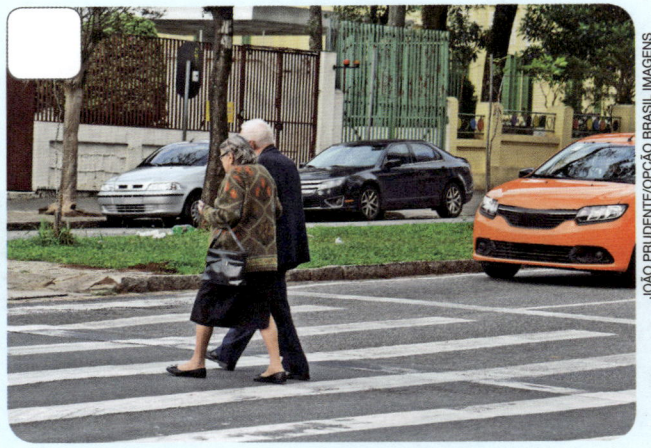

Motorista aguardando casal de idosos atravessar a rua.

Passageiros em estação de metrô no horário de pico.

Aluno ajudando colega na sala de aula.

Rapaz ajudando idosa a atravessar a rua.

2 Observe as imagens e responda às perguntas.

A

Vista aérea de bairro no município de Curitiba, estado do Paraná, 2013.

B

Vista aérea da aldeia do povo Kamayura, no Parque Nacional do Xingu, estado do Mato Grosso, 2015.

a) Como as construções estão organizadas na imagem **A**?

_____

_____

b) Como as construções estão organizadas na imagem **B**?

_____

_____

c) As casas e as ruas do bairro em que você mora estão organizadas de modo semelhante ao que mostra a foto **A** ou a foto **B**?

_____

3 Observe as imagens da ladeira Porto Geral, na cidade de São Paulo, em diferentes épocas, e assinale-as de acordo com a legenda.

M Mudou   **P** Permaneceu

Atividade portuária no rio.

Pequeno fluxo de pessoas.

O nome da rua.

As construções.

4 Observe a tirinha a seguir e responda às questões.

> "...ABANDONAR PRECONCEITOS, ABRIR A MENTE..."
> "...E SE PERCEBER NA REALIDADE DO OUTRO..."
> "...ATÉ SER CAPAZ DE SENTIR O QUE O OUTRO SENTE..."
> EMPATIA, FILHO...

Tira *Armandinho*, de Alexandre Beck, 2016.

a) O que Armandinho quer dizer com "se perceber na realidade do outro"?

_____

_____

_____

b) Elabore duas listas: uma com pontos positivos e outra com pontos negativos a respeito de se viver em comunidade. Explique o porquê de cada um deles.

Pontos positivos	Justificativa

Pontos negativos	Justificativa

67

Atividade divertida

Você já observou as mudanças em uma paisagem com a passagem do tempo?

Vá até as páginas 131, 134 e 135, destaque os adesivos e cole-os nos locais correspondentes.

A1	A2	A3	A4
B1	B2	B3	B4
C1	C2	C3	C4
D1	D2	D3	D4

Mercado e igreja de São Francisco de Assis. Município de Ouro Preto, estado de Minas Gerais, 1880.

A1	**A2**	**A3**	**A4**
B1	**B2**	**B3**	**B4**
C1	**C2**	**C3**	**C4**
D1	**D2**	**D3**	**D4**

Feira de artesanato e igreja de São Francisco de Assis. Município de Ouro Preto, estado de Minas Gerais, 2015.

UNIDADE 3 — Marcas da história

Observe as imagens que representam momentos importantes que marcaram a vida de Eloá desde o nascimento dela.

ELOÁ / 06/10/2011
3,100 kg / 48 cm

1º ANIVERSÁRIO DA ELOÁ

1 ANO

Nessas lembranças, encontramos os primeiros registros da história de vida de Eloá: a marca do pezinho, a pulseirinha do hospital, o convite do primeiro aniversário, suas primeiras fotografias e, é claro, o brinquedo preferido.

Vamos conversar

1. Você tem alguma lembrança parecida com as de Eloá?
2. Conte aos colegas quais são as lembranças e os objetos que fazem parte da sua história.

À medida que cresceu, Eloá aprendeu a fazer seus próprios registros. Com base neles, ela pode contar sua história.

CAPÍTULO 1 — Memória e história

Animação
O tempo, o passado e o historiador

Todos nós, crianças e adultos, somos parte da história e a construímos o tempo todo com ações e atividades. Quando escrevemos um texto, tiramos uma fotografia ou gravamos um vídeo, estamos produzindo registros que poderão ser estudados pelos historiadores no futuro para compreender o modo de vida de hoje.

> Ao escrever ou contar uma história, é importante organizar os pensamentos antes de falar ou escrever e **expressar-se com clareza** para ser bem compreendido.

Muitas vezes também podemos saber o que ocorreu no passado por meio de documentos e de objetos antigos. Eles guardam a memória de fatos que são transmitidos pela família, pela escola ou pela comunidade da qual fazemos parte.

1. Com a ajuda de um adulto de sua família, pesquise um objeto que conte um fato de sua vida do qual você goste de se lembrar. Se possível, traga-o para a escola, mostre aos colegas e explique a importância desse objeto para você.

Alguns objetos nos fazem lembrar de fatos ou de pessoas e podem contar a história da família ou do grupo ao qual pertencemos. Os objetos que são guardados e preservados são registros de acontecimentos e ajudam a construir a história da pessoa, do grupo e de toda a sociedade.

O historiador é o pesquisador que estuda os registros deixados pelas pessoas ao longo do tempo para compreender como elas viviam no passado. Esses registros são chamados de **fontes históricas**.

Tipos de fontes

As fontes históricas podem ser classificadas em:

- **Fontes visuais:** que são registros como pinturas, fotografias, desenhos, mapas e filmes.

- **Fontes escritas:** que são cartas, bilhetes, diários, agendas, cadernos, livros, jornais, revistas, documentos oficiais e qualquer outro tipo de texto.

- **Fontes orais:** que são as memórias contadas pelas pessoas e que não são, necessariamente, registros escritos, como lendas, cantigas, depoimentos, entrevistas, entre outras.

2 Pinte os itens de acordo com o tipo de fonte que representam.

Visual   Escrita   Oral

- Cartas antigas
- Fotografias de família
- Histórias de família contadas por seus integrantes
- Cantigas de brincadeira

3 Que tipo de fonte você produz quando:

a) escreve um texto?

_____

b) faz um vídeo?

_____

c) conta a história da sua vida?

_____

d) escreve em seu caderno?

_____

Fontes materiais e imateriais

As **fontes históricas materiais** podem estar registradas em uma base física, como papel, madeira, pedra e argila, ou em um meio digital. São objetos como pinturas, esculturas, filmes, fotografias, ferramentas, roupas, máquinas, móveis, livros e construções, que guardam informações sobre o passado.

As **fontes históricas imateriais** estão na memória das pessoas, e elas contam sobre as próprias experiências de vida.

São as tradições das comunidades, como as festas, os rituais, os cultos religiosos, as cantigas, as lendas, os mitos, as danças, os ofícios e os costumes. Esses saberes são transmitidos oralmente de uma geração a outra e são aprendidos no dia a dia das comunidades.

Carteira e cadeira escolar dos anos 1930.

Sempre que tiver dúvida, **pergunte quantas vezes achar necessário**, até compreender totalmente aquela parte do assunto. Ao mesmo tempo, ouça com atenção e respeito as perguntas e as dúvidas dos colegas.

Você sabia?

A técnica de confecção das bonecas Ritxoko, do povo Karajá, é uma **fonte histórica imaterial**, porque o método é transmitido de geração a geração para as mulheres da comunidade. As bonecas são feitas em cinco etapas: extração do barro, preparação do barro, modelagem das figuras, queima e pintura.

Indígena do povo Karajá confeccionando uma boneca. Município de Xambioá, estado de Tocantins, 1948.

4. Marque nas imagens o tipo de fonte de acordo com a legenda.

M Fonte material.   I Fonte imaterial.

Festa do Divino. Município de São Luiz do Paraitinga, estado de São Paulo, 2017.

Festa do Maracatu Rural. Município de Nazaré da Mata, estado de Pernambuco, 2014.

Cerâmica produzida pelo povo Karajá. Município de Santarém, estado do Pará, 2013.

Detalhe de pintura rupestre no Parque Nacional Serra da Capivara. Município de São Raimundo Nonato, estado do Piauí, 2015.

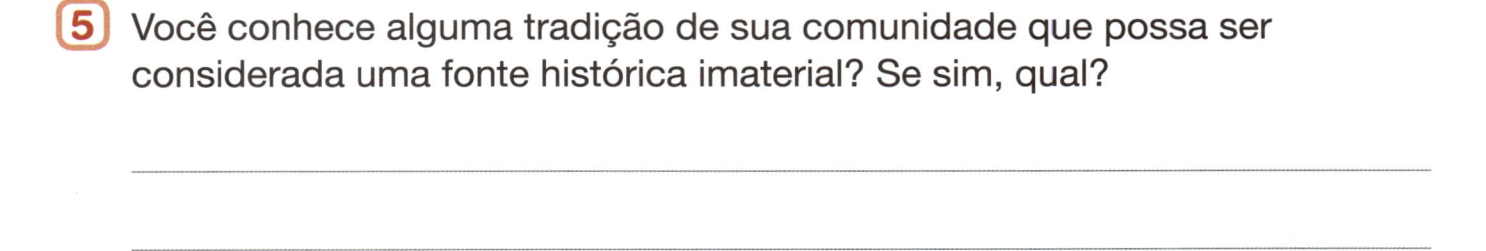

5. Você conhece alguma tradição de sua comunidade que possa ser considerada uma fonte histórica imaterial? Se sim, qual?

_____

_____

_____

Para ler e escrever melhor

Animação
Os contadores de histórias

> Observe como o texto a seguir **descreve** a importância da herança cultural dos griôs, contadores de histórias que ajudam a preservar a memória de seu povo.

A sabedoria dos griôs

Muitos povos da África transmitiam e transmitem os conhecimentos de uma geração a outra por meio da tradição oral. Em determinadas sociedades africanas, a palavra, nas histórias ou nos cantos, é essencial. É por meio da palavra que temos contato com diferentes saberes e criamos histórias.

Nessas culturas, as pessoas mais velhas eram, e ainda são, muito respeitadas. Afinal, elas têm experiência de vida e contribuem para preservar as tradições e as memórias de seu povo.

Em algumas sociedades africanas, a sabedoria antiga era transmitida às gerações mais novas por meio dos griôs. A palavra griô significa "contador de histórias".

Os griôs ensinam os conhecimentos tradicionais de seu povo contando histórias e cantando. Fazendo isso, eles mantêm vivas as lendas e as histórias que explicam as origens familiares, os eventos do cotidiano e os fenômenos da natureza.

A atividade dos griôs foi recriada no Brasil com base nas tradições de origem africana. Nos dias atuais, os griôs representam a importância de preservar os saberes tradicionais e as heranças culturais africanas.

Kora.

Balafom.

Instrumentos musicais criados na costa ocidental africana e utilizados pelos griôs.

1 De acordo com o texto, quem são os griôs?

_____

_____

2 Sobre o que tratam as histórias e as lendas contadas pelos griôs?

_____

_____

_____

3 Qual é a importância dos griôs para as sociedades africanas?

_____

4 Pergunte aos familiares e pesquise em *sites* e livros alguns costumes e saberes presentes em seu cotidiano que tenham origem africana.

- Descreva-os da melhor forma que conseguir e registre nas linhas a seguir. Depois, conte suas descobertas aos colegas, assim como fazem os griôs.

_____

_____

_____

_____

_____

_____

_____

CAPÍTULO 2

Documentos e registros pessoais

Atividade interativa
Conheça melhor os seus documentos

Documentos pessoais

Quando você nasceu, foram registradas em sua certidão de nascimento informações como o dia, a hora e o local do seu nascimento, além do nome de seus pais e avós.

Logo depois, você recebeu outro documento: a carteira de vacinação, na qual estão registradas as vacinas que você já tomou e as que ainda precisam ser aplicadas.

Os documentos pessoais, como a carteira de identidade, a certidão de casamento ou a carteira de motorista, guardam informações sobre cada pessoa. Neles podem constar a data, a cidade, o estado e o país de nascimento, com quem e quando a pessoa se casou ou se a pessoa pode dirigir veículos motorizados.

Você sabia?

Desde o dia em que nasce, toda criança tem **direito** a um nome e a uma nacionalidade, ou seja, a ser cidadã de um país.

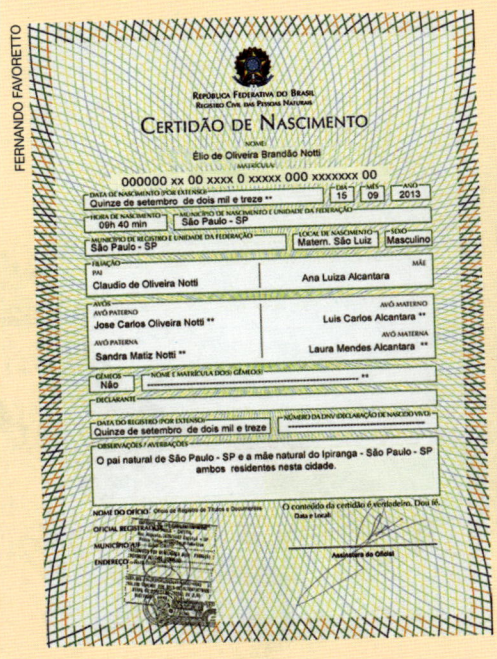

Cópia de certidão de nascimento emitida no Brasil, 2013.

Cópia de carteira de vacinação de uma criança nascida em 2011.

1. Preencha a carteira de identidade a seguir com sua impressão digital, sua foto (ou um desenho do seu rosto) e sua assinatura. Escreva também, nos espaços indicados, seu nome, sua filiação (o nome de seus pais), sua naturalidade (a cidade e o estado onde você nasceu) e a data de seu nascimento.

2. Vamos conhecer a função de alguns documentos? Preencha os quadrinhos com a letra do documento que corresponde à descrição dele.

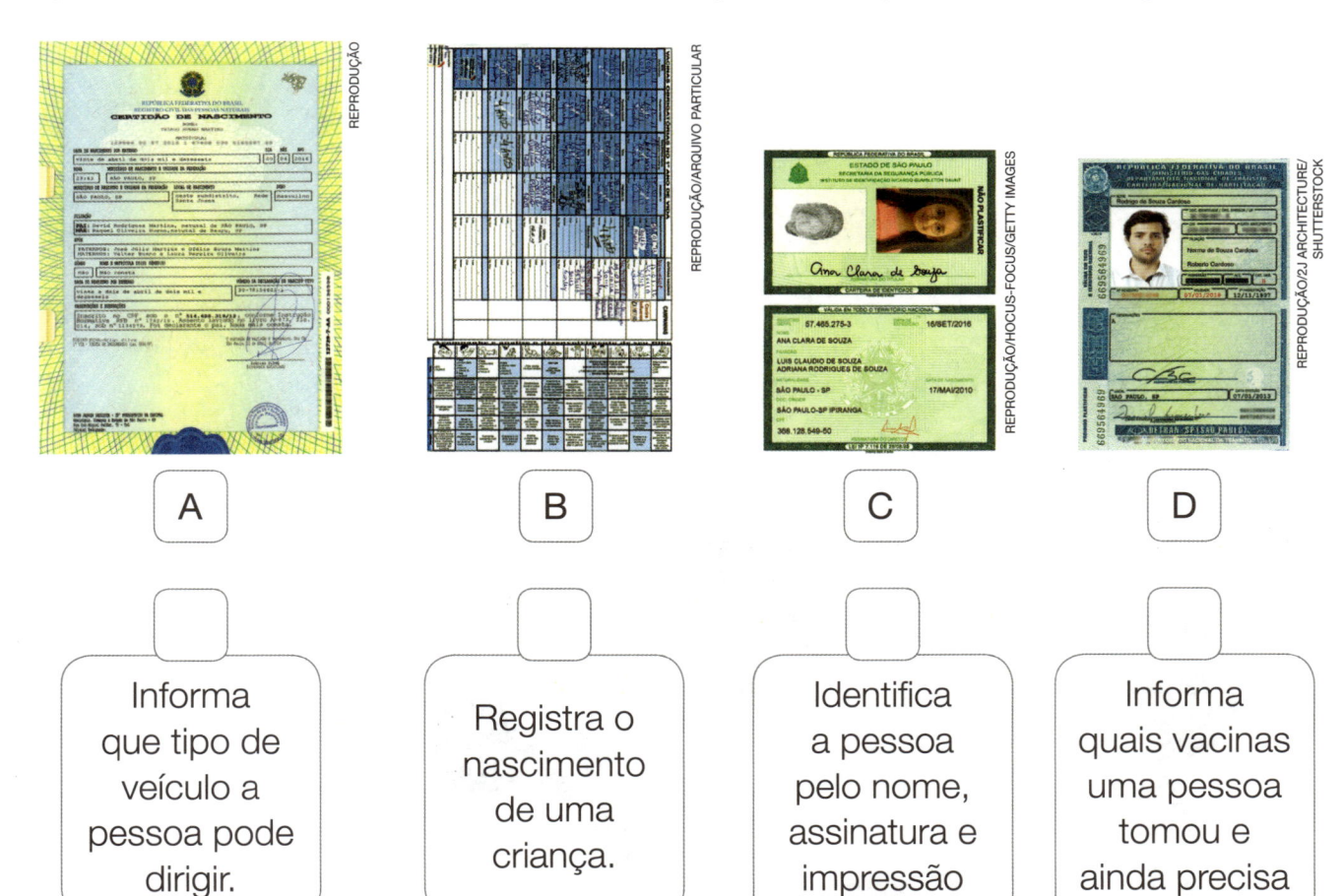

A

B

C

D

Informa que tipo de veículo a pessoa pode dirigir.

Registra o nascimento de uma criança.

Identifica a pessoa pelo nome, assinatura e impressão digital.

Informa quais vacinas uma pessoa tomou e ainda precisa tomar.

Registros pessoais e de família

As lembranças pessoais e os registros que produzimos e guardamos, como fotografias, bilhetes ou objetos, nos ajudam a recordar os momentos que vivemos e nos permitem compreender um pouco de nossa história.

A história pessoal ganha mais sentido quando incluímos as relações que temos uns com os outros. Nossas lembranças têm pontos de contato com as lembranças das pessoas com quem convivemos, como os membros de nossa família. São as lembranças em comum que podem compor a memória do grupo ou coletiva.

3. Pinte os quadrinhos que correspondem a algum momento que você tenha vivido com sua família.

- Passeio
- Refeição
- Conversa
- Brincadeira
- Viagem
- Estudo

Fotografias de família

Uma das maneiras de conhecer a história da família é por meio das fotografias. Ao observar fotografias antigas, podemos recordar os eventos vividos no passado e nos conectar às memórias dos antepassados.

O avô de Davi e de Manuela mostra as fotos da família e conta histórias para seus netos.

Ouvir e contar histórias: tradições orais

Outra maneira de saber mais sobre lembranças e histórias de família é por meio da tradição oral. Contar e ouvir histórias permite conhecer o que é importante para cada um. Ao ouvir essas histórias, podemos conhecer hábitos e costumes comuns em outros tempos e lugares.

Indígena do povo Kuikuro contando histórias para crianças e jovens. Parque Indígena do Xingu, estado de Mato Grosso, 2009.

Multimídia
Os Kuikuro e as fontes históricas

4 Desenhe ou cole uma fotografia que represente a lembrança de um momento vivido com a sua família.

5 Agora, conte aos colegas a história do momento representado na atividade anterior. Depois, registre essa história no caderno.

O mundo que queremos

O Museu da Pessoa

O Museu da Pessoa é um museu virtual que tem como objetivo registrar histórias de qualquer pessoa que queira relatar a sua trajetória de vida.

Essas histórias são fontes históricas porque contam as experiências vividas por pessoas em determinado tempo e espaço.

O Museu da Pessoa foi fundado em 1991 e, atualmente, contém mais de 15 mil depoimentos e mais de 70 mil fotografias e documentos digitalizados.

Leia a seguir um trecho do depoimento da vovó Neuza, registrado em 2008.

> Quando eu morei no [bairro do] Brás [...] nessa [rua] Correia de Andrade [...] Eu morei lá até oito anos [...] e eu me lembro muito bem [...] que eu ia comprar arroz, feijão pra minha mãe e que o feijão e o arroz vinham... Eram uns papéis, desses de venda mesmo [...] eles iam enrolando, mas tinham uma prática de enrolar aqueles saquinhos [...].
>
> Não tinha perigo de desmanchar os saquinhos e ficava certinho. [...]
>
> Não tinha geladeira nessa época, a gente comprava essencialmente aquilo que ia usar no dia [...].

História de Neuza Guerreiro de Carvalho. Museu da Pessoa, abr. 2008. Disponível em: <http://www.museudapessoa.net/pt/conteudo/historia/a-passagem-do-tempo-para-vovo-neuza-48522>. Acesso em: 22 mar. 2018.

1 O que é o Museu da Pessoa?

_____

_____

2 Por que é importante registrar e preservar as memórias das pessoas da comunidade?

_____

_____

_____

3 Desenhe no espaço a seguir um lugar ou uma situação que conte um pouco da sua história.

CAPÍTULO 3 — Memórias e tradições

Você conhece alguma cantiga? Tem alguma lembrança de cantigas que já cantaram para você? A maioria das cantigas que conhecemos vem da tradição oral, isto é, são transmitidas de geração a geração, cantadas por alguém da família ou próximo dela.

As **cantigas de roda** ou cirandas são brincadeiras de crianças e de adultos que cantam músicas e seguem alguns passos e movimentos. É comum observar as brincadeiras de roda nos pátios das escolas e, muitas vezes, em parques e nas ruas. As letras e as melodias das músicas são simples e geralmente contam uma história. Entre as mais conhecidas estão *Ciranda, cirandinha* e *Peixe vivo*, podendo variar, dependendo da região.

As **cantigas de ninar** são músicas calmas, com repetições e de ritmo contínuo, que têm o objetivo de acalmar e ajudar as crianças a dormir. Quase todos os povos têm algum tipo de canção de ninar.

As cantigas de roda e de ninar conhecidas no Brasil têm origem indígena, africana e europeia.

1 Escreva o nome de uma cantiga da qual você se lembre.

_____

2 Como você aprendeu essa cantiga?

_____

_____

_____

Memórias em comum

As cantigas não só fazem parte das lembranças individuais, mas também das lembranças de todas as pessoas que as cantam e conhecem. Mesmo sem saber ao certo quando ou por quem uma cantiga foi criada, ela pode fazer parte das recordações de muitas pessoas.

Assim como outras tradições, as cantigas se transformam ao longo do tempo e são recriadas de acordo com os costumes de uma região ou de uma época. A cantiga *Ciranda, cirandinha*, por exemplo, é cantada de várias maneiras nos mais diversos lugares do Brasil.

> **Hora da leitura**
> - *De roda em roda*: brincando e cantando o Brasil, de Teca Alencar de Brito. Editora Peirópolis, 2013.

3 Leia a cantiga a seguir e, depois, responda às perguntas.

Ciranda, cirandinha

Ciranda, cirandinha
Vamos todos cirandar
Vamos dar a meia volta
Volta e meia vamos dar

O anel que tu me destes
Era vidro e se quebrou
O amor que tu me tinhas
Era pouco e se acabou

Por isso, dona Rosa
Entre dentro desta roda
Diga um verso bem bonito
Diga adeus e vá-se embora.

Da tradição popular.

- Você conhece essa cantiga? Se sim, conte aos colegas como a aprendeu. Você e seus colegas aprenderam a cantiga da mesma maneira ou de um jeito diferente? Quais outras cantigas vocês gostam de cantar?

Preservação da memória

Quando cantamos uma cantiga transmitida de geração a geração, entramos em contato com as memórias e as tradições compartilhadas pelas pessoas que as cantaram no passado.

As músicas, as histórias e as cantigas são importantes, pois revelam referências e informações sobre o modo como pensavam as pessoas que as criaram. Por meio dessas memórias, podemos descobrir o que era importante para as pessoas que viveram no passado. Por esse motivo, os registros dessas memórias devem ser preservados com muito cuidado, pois pertencem à coletividade.

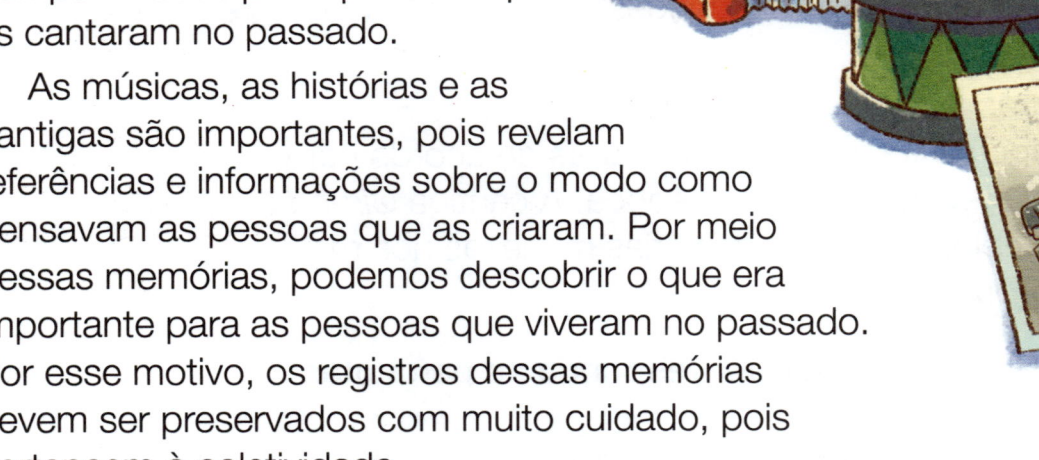

4 Escolha uma cantiga e cante-a para a turma.

a) Por que você a escolheu?

_____
_____
_____

b) Quantos colegas conhecem essa cantiga?

_____

Produzir e reunir memória: os museus

Os museus abrigam registros e lembranças dessa memória que é compartilhada por muitas pessoas, ou seja, da memória coletiva. Eles também permitem a produção de novos registros e memórias.

Nesses locais, os registros são selecionados, preservados e estudados. Os objetos, os documentos e os relatos que eles guardam nos ajudam a descobrir as relações entre a memória que pertence a todos – **coletiva** – e a história de cada um – **individual**.

Os registros e a História

Ao estudar e produzir diversos tipos de registro, podemos observar que alguns aspectos do passado continuam iguais e outros mudaram muito.

O modo como contamos as histórias hoje é igual ou é diferente de como era feito no passado? E as cantigas e as canções? São as mesmas ou mudaram? Elas são cantadas da mesma maneira?

Os registros de memória e as perguntas que fazemos sobre eles são fundamentais para a elaboração da História.

Contadoras de história em centro de educação infantil. Município de Sorocaba, estado de São Paulo, 2016.

5 Faça as perguntas a seguir a um familiar e registre as respostas da entrevista.

- Qual é o seu nome?
  _____

- Qual é a sua cantiga (ou canção) preferida?
  _____

- Como você conheceu essa cantiga (ou canção)?
  _____

- Ela traz alguma recordação? Se sim, qual?
  _____
  _____

6 Depois de registrar as respostas da entrevista, escreva uma pequena história sobre as memórias da pessoa que você entrevistou e apresente-a aos colegas.

Como as pessoas faziam para...

PRODUZIR UM LIVRO

Nos livros, podem-se registrar fatos importantes e, assim, preservar a cultura e a história de diversos povos. Ao longo do tempo, as pessoas utilizaram diferentes maneiras de registrar por escrito suas memórias e histórias.

Os povos antigos utilizavam o **papiro** para escrever textos importantes. O papiro era feito da prensagem de hastes de uma planta também chamada papiro. Esse tipo de "papel" era muito frágil e rasgava-se com facilidade.

O **pergaminho** também era utilizado para escrever. Ele era feito da pele de animais e era mais durável. Os pergaminhos eram guardados na forma de rolo e, com o tempo, passaram a ser encadernados em uma espécie de livro chamado **códice**.

Há mais de mil anos, os livros eram **copiados à mão** por religiosos. Por isso, a produção de um livro levava meses ou até anos.

Por volta de 1450, foi inventada a **prensa de tipos móveis**: uma máquina que carimbava letras e símbolos (tipos móveis) em uma superfície (papel), gravando nela um texto. A reprodução de livros tornou-se mais rápida, colaborando para que o conhecimento fosse compartilhado por mais pessoas ao mesmo tempo.

As pessoas continuaram a escrever à mão e, só depois, os textos eram convertidos em tipos móveis e impressos. Aos poucos, algumas pessoas passaram a utilizar a máquina de escrever e, mais recentemente, o computador para produzir textos e livros, para depois imprimi-los em grandes ou pequenas impressoras.

Atualmente, os livros impressos convivem com novas tecnologias, como os livros digitais.

1. Qual foi o invento que mudou a forma de produzir um livro?

2. Qual é a sua importância para os dias atuais?

CAPÍTULO 4

Memória escolar

Muita coisa mudou no jeito de ensinar e de aprender nas escolas nos últimos cem anos. Ao analisar fotografias antigas, ou ler histórias de autores do passado, podemos conhecer essas mudanças.

Observe as fotografias a seguir. Elas registram salas de aula de cerca de cem anos atrás.

1 Quais as diferenças e as semelhanças entre as duas fotografias?

Aula de leitura para meninos. Município de Campinas, estado de São Paulo, 1939.

Aula de trabalhos manuais para meninas. Município do Rio de Janeiro, estado do Rio de Janeiro, 1922.

Na escola, meninos e meninas estudavam separadamente. Os meninos praticavam exercícios militares e atividades como a marcenaria. As meninas aprendiam trabalhos manuais, como costura e bordado, porque eram preparadas para se casar, cuidar da casa e dos filhos.

Os alunos eram tratados com rigorosa disciplina e aqueles que não se comportavam bem ou que não faziam as lições eram punidos pelos professores. Havia muitos castigos, como apanhar com palmatória e com vara de marmelo, ajoelhar-se no milho e escrever uma frase várias vezes na lousa.

Palmatória dos anos 1930.

Nas escolas de hoje

Atualmente, as crianças têm mais oportunidades de frequentar a escola do que há cem anos. Meninos e meninas estudam juntos e aprendem as mesmas matérias e conteúdos. Além disso, os castigos físicos são proibidos.

Palmatória: peça de madeira usada para bater na palma da mão.

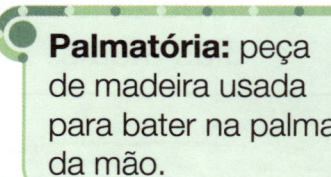

2 Leia o texto e responda às questões.

O Birolho

— O Birolho teve dez porque colou!

Recebi a ordem de levantar-me. Minhas orelhas na certa estavam vermelhas, para combinar com a cor da cara. Meu coração disparava e em minha mente estava a carranca do professor Espinhel, estavam o castigo de ficar de pé de braços abertos e as reguadas a cada vez que o cansaço me obrigasse a abaixá-los. [...]

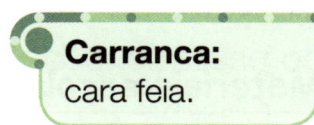

Carranca: cara feia.

Os olhos da dona Zulmira lentamente saíram da direção do Adílson e cravaram-se em mim.

— Quero ver a cola. [...]

Bom, na hora eu decidi que tinha de falar a verdade e pronto:

— Eu fiz essa cola sim, dona Zulmira. Levei a semana inteira fazendo. Mas juro que fiz toda a prova sem tocar nela... [...]

— Muito bem. Então vamos ver: quais são os principais afluentes da margem direita do rio Amazonas?

— Javari, Juruá, Purus, Madeira, Tapajós e Xingu — respondi na hora. [...]

Com mais duas perguntas, dona Zulmira pareceu satisfeita e decidiu:

— Muito bem. Você não fez uma cola. Estudou fazendo resumo. Sua nota continua valendo. [...]

Pedro Bandeira. O Birolho. In: Ruth Rocha (Org.). *Contos de escola*. Rio de Janeiro: Objetiva, 2003. p. 22-23.

- De acordo com o texto, quais seriam as consequências, caso o aluno Birolho fosse pego colando na prova?

_____

_____

_____

Objetos de memória

Todo objeto conta uma história. Nos materiais escolares, nas cadernetas e nos boletins antigos, podemos encontrar informações sobre como era a educação das crianças no passado.

Materiais escolares

Há mais de cem anos, os alunos usavam uma pequena lousa feita de ardósia e um lápis do mesmo material para fazer as tarefas em sala de aula. Somente depois de treinar bastante eles podiam usar os cadernos e uma caneta com ponta de metal e tinta.

Ardósia: tipo de rocha, geralmente de cor cinza.

Material escolar antigo: lousa individual de ardósia da década de 1910.

Materiais escolares antigos: caneta com ponta de metal e pote de vidro para tinta dos anos 1920.

Boletim e caderneta

Os boletins e as cadernetas escolares são os registros das atividades dos alunos na escola. Antigamente, eles eram preenchidos à mão com caneta-tinteiro e apresentavam o histórico escolar de cada aluno, as disciplinas que estudavam e as observações feitas pelo professor.

3 Pergunte a um adulto de sua família se há algum objeto guardado como lembrança dos tempos da escola.

- Peça a ele que conte por que esse objeto é especial. Se possível, grave a entrevista e traga esse objeto para a sala de aula. Mostre aos colegas e conte a eles a sua história. Por fim, escreva um pequeno texto no caderno sobre esse objeto.

A tecnologia na escola

Atualmente, muitas escolas já usam materiais modernos, como a lousa digital e o *tablet*. A lousa digital é uma espécie de tela de computador gigante e interativa. Ao tocá-la, professores e alunos podem escrever e apagar textos, ampliar uma imagem, fazer atividades digitais, utilizar animações e consultar *sites*. O *tablet* é um aparelho portátil com uma tela sensível ao toque. Ao usá-lo, os alunos podem ler um texto, acessar jogos, assistir a vídeos, além de outras atividades e, em alguns casos, acessar o boletim escolar.

4 Circule de amarelo os objetos que faziam parte da escola de antigamente e de azul os que são usados hoje em dia em algumas escolas.

Lousa individual de ardósia

Apontador antigo

Apontador atual

Caneta-tinteiro e vidro de tinta

Tablet

Cartilha

Hora da leitura

- *Contos da escola*, organizado por Ruth Rocha. Editora Objetiva, 2003.

O que você aprendeu

- Todos nós somos parte da história e a construímos o tempo todo.
- O historiador é um pesquisador que estuda os registros deixados pelas pessoas ao longo do tempo.
- Griôs são contadores de histórias tradicionais das comunidades africanas.
- As fontes históricas podem ser de natureza material ou imaterial.
- Nos documentos pessoais estão registrados os dados importantes sobre cada pessoa.
- Os museus abrigam alguns registros e lembranças da memória que são compartilhados por muitas pessoas.

1 Marque com um **X** os itens que descrevem fontes de natureza imaterial.

☐ Festas tradicionais.

☐ Histórias contadas pelos griôs.

☐ Fotografias.

☐ Objetos de museu.

☐ Memória pessoal.

☐ Cantigas.

☐ Caderno de caligrafia.

Antes de responder às questões, **pense com calma** e faça um planejamento para controlar melhor os resultados e evitar que uma mesma tarefa seja feita várias vezes.

2 Leia atentamente as informações dos registros de memória abaixo: duas certidões de nascimento. Depois, responda às questões.

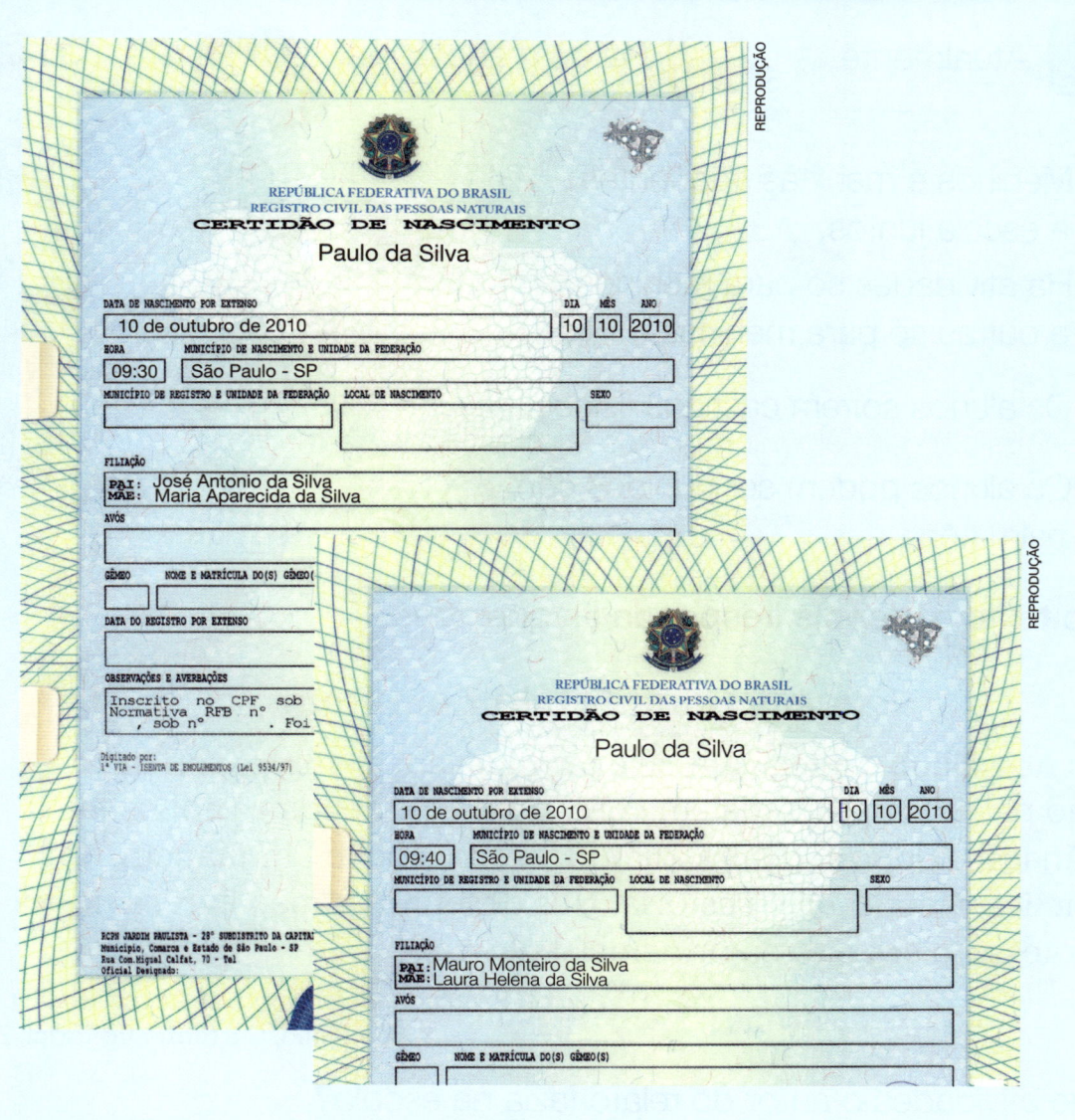

Certidão 1:
REPÚBLICA FEDERATIVA DO BRASIL
REGISTRO CIVIL DAS PESSOAS NATURAIS
CERTIDÃO DE NASCIMENTO
Paulo da Silva
DATA DE NASCIMENTO POR EXTENSO: 10 de outubro de 2010 — DIA 10 MÊS 10 ANO 2010
HORA: 09:30 — MUNICÍPIO DE NASCIMENTO E UNIDADE DA FEDERAÇÃO: São Paulo - SP
FILIAÇÃO:
PAI: José Antonio da Silva
MÃE: Maria Aparecida da Silva

Certidão 2:
REPÚBLICA FEDERATIVA DO BRASIL
REGISTRO CIVIL DAS PESSOAS NATURAIS
CERTIDÃO DE NASCIMENTO
Paulo da Silva
DATA DE NASCIMENTO POR EXTENSO: 10 de outubro de 2010 — DIA 10 MÊS 10 ANO 2010
HORA: 09:40 — MUNICÍPIO DE NASCIMENTO E UNIDADE DA FEDERAÇÃO: São Paulo - SP
FILIAÇÃO:
PAI: Mauro Monteiro da Silva
MÃE: Laura Helena da Silva

a) Qual é o nome das pessoas registradas nas duas certidões?

_____

b) O que foi registrado nesses dois documentos?

_____

c) Quais são as semelhanças e as diferenças entre as duas certidões?

_____
_____
_____

3 Pinte os quadrinhos de acordo com a legenda.

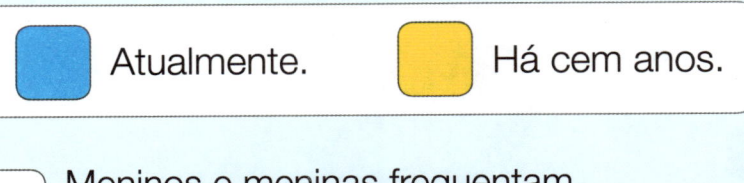

☐ Atualmente.   ☐ Há cem anos.

☐ Meninos e meninas frequentam a escola juntos.

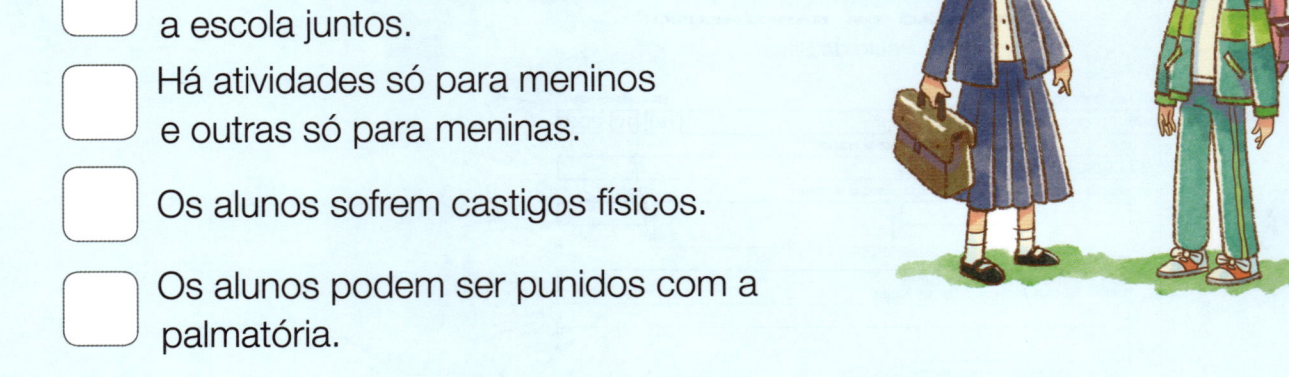

☐ Há atividades só para meninos e outras só para meninas.

☐ Os alunos sofrem castigos físicos.

☐ Os alunos podem ser punidos com a palmatória.

4 Leia o texto e, depois, responda às questões.

Escolas reunidas do Bom Retiro

As nossa aulas iniciavam-se e terminavam, sempre, com uma canção patriótica, cantada em coro, numa tremenda e proposital desafinação. Depois, leitura, ditado, exercícios de Linguagem, Aritmética, Geografia e História. Nos desenhos à mão livre, a figura da professora era o tema principal. [...]

Jacob Penteado. *Belènzinho, 1910:* retrato de uma época.
São Paulo: Carrenho Editorial, 2003. p. 42.

a) Que atividades o autor do relato fazia na escola?

_____

_____

b) Essas atividades são parecidas com as que você faz em sua escola? Por quê?

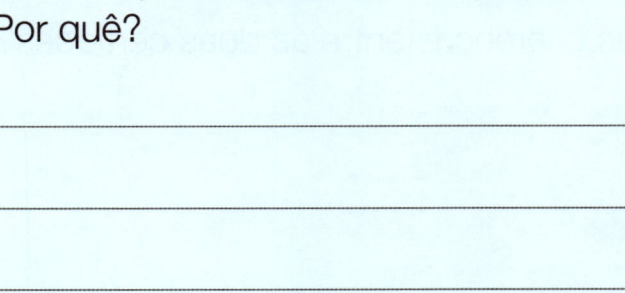

_____

_____

5 Desenhe ou cole uma foto de algum objeto que você gostaria de guardar como lembrança e que, mais tarde, daqui a uns anos, poderá contar um pouco da história da sua infância ou da sua vida escolar.

6 Peça ajuda a um familiar e, juntos, selecionem um objeto que represente algo importante para a história de sua família. Vocês poderão escolher, por exemplo, um utensílio doméstico, um instrumento musical ou de trabalho, uma fotografia, uma carta, um documento ou um livro. Depois, responda às questões a seguir.

a) Qual foi o objeto escolhido?

_____

b) Por que esse objeto é importante para sua família? Ele representa algum momento importante? Se sim, qual?

_____

_____

_____

Atividade divertida

Maria, Roberto, Renato e Laura guardaram no baú vários objetos de recordação e precisam da sua ajuda para encontrar um deles.

Leia os balões e circule o objeto que cada um escolheu.

> Minha mãe me contou que eu ficava linda com eles!

MARIA

> Quero guardar para sempre as imagens do meu melhor amigo!

ROBERTO

Nossa! Como eu cresci!

RENATO

Meu avô gostava de contar histórias para eu dormir.

LAURA

ILUSTRAÇÕES: TATIANA PAIVA

99

UNIDADE 4
Trabalho

Vamos conversar

1. Você conhece as profissões representadas nessa imagem?
2. Dessas profissões, quais eram mais comuns no passado?
3. Quais são as diferenças entre os trabalhadores da página 100 e os trabalhadores da página 101?

101

CAPÍTULO 1 — O que é trabalho?

Atividade interativa
Dentro de uma fábrica do século XIX

O trabalho é uma atividade feita pelas pessoas com o objetivo de produzir ou realizar algo, sejam bens ou serviços. Por meio do que é pago por ele, o trabalhador pode garantir o seu sustento.

Quando vamos a uma loja comprar roupas ou a um supermercado comprar alimentos, adquirimos bens, ou seja, materiais que são cultivados, colhidos na natureza ou produzidos para satisfazer as necessidades do ser humano.

Homem trabalhando na linha de produção de uma fábrica de automóveis. Município de Resende, estado do Rio de Janeiro, 2015.

Quando vamos ao cabeleireiro cortar o cabelo ou quando pagamos a passagem do ônibus, compramos serviços.

Os bens e os serviços estão interligados: quando pagamos a conta no restaurante, pagamos tanto pela comida que foi consumida como pelo serviço do garçom que nos atendeu.

O comércio é a atividade de compra e venda de produtos, e os serviços são atividades prestadas para uma pessoa ou para uma empresa.

Transporte coletivo. Município de São Paulo, estado de São Paulo, 2013.

Garçom servindo uma família em restaurante, 2015.

O trabalho pode ser exercido em diferentes atividades

A agricultura é a atividade de cultivar a terra. O agricultor prepara o solo, planta e colhe o que foi produzido. Muitas famílias se sustentam consumindo e vendendo o que cultivam em suas terras. Mas há também agricultores que recebem um pagamento fixo para trabalhar como funcionários em grandes propriedades rurais.

A pecuária é a atividade de criação de animais, como bois, vacas e porcos.

O extrativismo é a atividade de extração ou coleta de recursos naturais, por exemplo, a pesca e a coleta de frutos silvestres, como as castanhas-do-pará e os frutos do dendezeiro.

Muitas atividades industriais, comerciais e de serviços são realizadas nas cidades. As atividades mais comuns na cidade são as da indústria, do comércio e dos serviços.

A indústria transforma a matéria-prima produzida no campo em outro produto, como o trigo em farinha de trigo.

1 O que é trabalho e qual é o seu principal objetivo?

_____

_____

_____

_____

> **Recursos naturais:** tudo o que está na natureza e pode ser útil às pessoas.
>
> **Matéria-prima:** aquilo que é utilizado para fabricar alguma outra coisa.

2 Cite uma atividade profissional que produz bens e outra que oferece serviços.

_____

As condições de trabalho

Para muitos, o pagamento obtido por meio do trabalho é a principal maneira de se obter alimento, moradia e tudo o que é necessário para viver. Isso significa que, na sociedade atual, as pessoas geralmente trabalham para receber dinheiro, que será investido em mercadorias e serviços voltados ao sustento e à sobrevivência.

Há cerca de 200 anos, os trabalhadores eram pouco valorizados e não havia leis adequadas para estabelecer o limite de horas de trabalho sem colocar em risco a vida deles.

Nas fábricas trabalhavam homens, mulheres e crianças, mas os salários pagos às mulheres e às crianças eram muito mais baixos do que os pagos aos homens.

Atualmente, no Brasil, o trabalho é proibido para crianças menores de 14 anos em qualquer situação, e dos 14 aos 16 anos é permitido o trabalho apenas como aprendiz.

Infelizmente, ainda há lugares onde se encontram crianças trabalhando, sem que haja leis que as protejam da exploração.

Crianças e adultos trabalhando em uma fábrica, há cerca de 100 anos.

Jovem aprendiz trabalhando em biblioteca. Município de São Paulo, estado de São Paulo, 2014.

Meninos engraxates. Município de São Paulo, estado de São Paulo, 2014.

3 Preencha os quadrinhos das imagens de acordo com a legenda.

P Condições de trabalho comuns no passado.

A Condições de trabalho comuns na atualidade.

4 Observe as duas imagens e responda às questões.

Menina de 11 anos trabalhando em fábrica de meias. Estados Unidos, 1906.

Crianças trabalhando em uma fábrica de tijolos. Paquistão, 2013.

a) O que há em comum entre as situações apresentadas nas imagens 1 e 2?

_____

b) O que há de diferente entre as situações apresentadas nessas imagens?

_____

_____

Para ler e escrever melhor

No texto a seguir, você vai acompanhar uma **entrevista** na qual a entrevistada conta como escolheu a sua profissão.

Qual é o seu nome?
Arleth.

Qual é a sua idade?
Eu tenho 27 anos.

Quando você era criança, que profissão queria ter?
Eu queria ser *designer* gráfico desde os 8 anos de idade. Eu me imaginava criando diversos cartazes de propaganda.

Qual é a sua profissão atual?
Hoje eu sou ilustradora.

Por que você escolheu essa profissão?
Porque eu posso expressar e partilhar meus sentimentos, ideias e alegrias por meio dos desenhos e da minha arte.

O que você faz no dia a dia em seu trabalho?
Eu interpreto textos e os transformo em desenho. Primeiro, eu desenho à mão, fazendo apenas o contorno da ilustração. Depois, passo a imagem para o computador, aplico cor e dou os toques finais.

O que você mais gosta de fazer em seu trabalho?
Eu adoro ilustrar livros infantis. Sinto que colaboro para a criança embarcar no mundo da imaginação da história.

Como você começou a ilustrar livros?
Eu comecei a desenhar situações que vivenciava no dia a dia e publicava em um *blog*. Resolvi então juntar esses desenhos e publiquei o meu próprio livro. Foi aí que começaram a surgir oportunidades para ilustrar livros infantis.

Se você mudasse de profissão, o que gostaria de fazer?
Não me imagino fazendo outra coisa. Ilustrar é o que faz o meu coração vibrar.

> ***Designer* gráfico:** profissional responsável por cuidar da parte estética e visual de projetos.

Para fazer uma entrevista, é necessário se preparar. Veja a seguir algumas dicas de como planejar uma boa entrevista.

- Primeiro, é preciso definir qual será o tema da entrevista e o que você quer saber sobre o entrevistado.
- Prepare um roteiro de perguntas. Evite perguntas cujas respostas possam ser apenas "sim" ou "não". Prefira começar as perguntas com "Como", "Por que", "Quando", "Qual", "O que". Assim, o entrevistado poderá dar a opinião dele sobre o assunto.
- Durante a entrevista, fique atento à fala do seu entrevistado e aproveite para fazer novas perguntas com base nas respostas dele.
- Lembre-se de anotar todas as respostas!

1. Entreviste um adulto de seu convívio sobre a profissão que ele escolheu seguir e anote as respostas no caderno. Você pode seguir o roteiro e, se quiser, pode criar mais perguntas.

Seja **criativo** e aproveite o momento da entrevista para elaborar mais perguntas, de acordo com o seu interesse.

Roteiro para a entrevista

- Qual é o seu nome?
- Qual é a sua idade?
- Quando você era criança, que profissão queria seguir?
- Qual profissão você seguiu depois de adulto?
- Por que você escolheu essa profissão?
- O que você faz em seu trabalho?

CAPÍTULO 2 — Profissionais da comunidade

Tudo o que fazemos em nosso dia a dia envolve o trabalho de muitos profissionais.

Na escola, há professores de diferentes disciplinas, faxineiros, cozinheiros e muitos outros trabalhadores.

O trabalho dos agricultores abastece de frutas, verduras e grãos as comunidades urbanas e rurais.

Os trabalhadores das indústrias fabricam roupas, calçados, eletrodomésticos e outros produtos.

Muitas comunidades contam com profissionais da área da saúde, como médicos, dentistas e enfermeiros, para cuidar e manter o bem-estar físico da população.

Há pessoas que trabalham para nos divertir e nos trazer momentos de lazer, como: artistas, cantores e músicos.

Para manter as ruas e as praças limpas e seguras, profissionais como lixeiros, garis e policiais prestam serviços em lugares públicos.

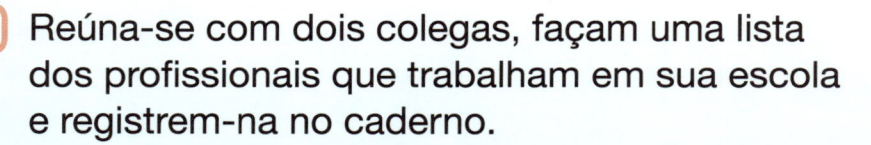

1. Reúna-se com dois colegas, façam uma lista dos profissionais que trabalham em sua escola e registrem-na no caderno.

SANDRA LAVANDEIRA

Há vários tipos de trabalho, e pode-se dizer que não há trabalho que exija somente esforço físico ou unicamente esforço mental.

Atividade interativa
Labirinto das profissões

O pedreiro faz um grande esforço físico durante o seu horário de trabalho. Ao mesmo tempo, ele precisa conhecer os materiais que usa e dominar as técnicas de construção.

Trabalhadores da construção civil em seu local de trabalho, 2016.

A analista de sistemas usa seus conhecimentos para desenvolver programas de computador ou fazer a manutenção da máquina. Ao mesmo tempo, ela precisa ter habilidade física para digitar.

Analista de sistemas em seu local de trabalho, 2012.

2 Reúna-se com alguns colegas e conversem sobre a profissão que cada um de vocês pretende seguir no futuro.

- Qual é o nome da profissão?
- O que você sabe sobre ela?
- Por que você pretende seguir essa profissão?

✔ Depois da conversa, com a ajuda do professor, façam um quadro na lousa para verificar quais foram as profissões mais escolhidas pela turma.

Quem trabalha para produzir tudo de que você precisa?

O trabalho faz parte de nossa organização social, e as pessoas dependem umas das outras. O que alguém produz ou faz pode facilitar a vida de outros. É raro uma pessoa ou um grupo produzir todos os materiais e serviços de que necessita. Para isso, as pessoas trocam mercadorias e serviços e interagem socialmente.

Veja o exemplo de Paulo, que prepara o café da manhã da família todos os dias; na mesa há: café, pão, geleia, açúcar, manteiga e suco de laranja.

Olhar o mesmo assunto de outro ponto de vista nos ajuda a **pensar com flexibilidade** e a considerar outras realidades diferentes das que vivemos.

Depois, ele vai para seu local de trabalho: uma indústria onde são fabricados tratores usados na agricultura.

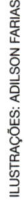

Agora, acompanhe a descrição de uma parte da rotina de Carlos e de sua família.

Carlos acorda às quatro da manhã e vai tirar leite das vacas, que será vendido mais tarde, enquanto sua esposa prepara o café da manhã. A família come pão, queijo e frutas produzidos no sítio onde vive. Depois, Carlos vai para o campo, onde planta e colhe trigo usando um pequeno trator. Paulo e Carlos não se conhecem, mas o que Paulo sabe fazer ajuda a família de Carlos, e o que Carlos produz ajuda a família de Paulo.

O trator fabricado na indústria onde Paulo trabalha é utilizado por Carlos.

O trigo cultivado por Carlos é transformado na farinha que o padeiro usa para fazer o pão que será consumido por Paulo.

3 Como o trigo cultivado por Carlos ajuda a família de Paulo?

_____

_____

_____

4 Como o trabalho de Paulo na fábrica ajuda a família de Carlos?

_____

_____

_____

O mundo que queremos

Trabalho voluntário

Voluntários da Teto Brasil em mutirão para a construção de casas. Município de São Paulo, estado de São Paulo, 2016.

A Teto Brasil faz parte de uma organização internacional sem fins lucrativos que defende os direitos de pessoas que vivem em moradias muito precárias. A organização Teto constrói moradias, promove a educação de crianças e forma lideranças comunitárias para que possam atuar em projetos de melhoria de seus bairros.

Leia a seguir o depoimento de Ellen Pimentel, advogada de 25 anos que realiza trabalho voluntário em comunidades de São Paulo.

[...] "Depois das construções, deixei de ser alheia aos problemas ao meu redor", contou. Ela é voluntária desde 2011, quando viajava para participar das obras na periferia de São Paulo. Ela já participou da construção de 34 casas de emergência.

Ellen, que já levou diversos amigos para a organização, conta que todos se encantaram pelo trabalho, mas alguns acabam só acompanhando de longe. "Dói ver as [desigualdades] da nossa sociedade, mas também dá vontade de fazer algo para mudar", contou Ellen.

Jovens se associam a ONGs para construir casas populares em mutirão. *O Dia* On-line. Reportagem de Flora Castro. Disponível em: <http://odia.ig.com.br/noticia/rio-de-janeiro/2015-05-16/jovens-se-associam-a-ong-para-construir-casas-populares-em-mutirao.html>. Acesso em: 15 mar. 2018.

1. Pesquise em *sites*, jornais e revistas e responda às questões a seguir.

   a) O que é trabalho voluntário?

   _____
   _____
   _____
   _____

   b) Você conhece alguém que faz trabalho voluntário? Que tipo de trabalho?

   _____
   _____
   _____

2. Agora, recorte matérias e fotos de exemplos de trabalho voluntário e cole-as no espaço abaixo.

CAPÍTULO 3 — Profissões do passado

Atividade interativa
Profissões nos anos 1950

Algumas profissões do passado deixaram de existir ou se transformaram porque as necessidades da população foram mudando ao longo do tempo. Antigamente, o leite precisava ser entregue nas casas diariamente, pois nem todas as pessoas possuíam refrigerador. O uso da geladeira fez com que a profissão do entregador de leite deixasse de ser comum. É possível conhecer essa e outras profissões por meio de fontes históricas, como objetos, textos e imagens, que relatam as transformações no mundo do trabalho.

Entregador de leite. Município de São Paulo, estado de São Paulo, 1940.

O acendedor de lampiões, por exemplo, era o profissional responsável por acender e apagar os lampiões de iluminação pública da cidade; mas, com a chegada da eletricidade e das lâmpadas elétricas, essa profissão deixou de ser necessária e perdeu sua função.

Há cerca de cem anos, o "limpa-trilhos" era um profissional importante em muitas cidades porque limpava os trilhos por onde os bondes passavam e lubrificava-os com óleo. Com isso, evitavam-se acidentes e garantia-se o bom funcionamento dos bondes.

Limpador de trilhos. Município de São Paulo, estado de São Paulo, 1915.

Acendedor de lampiões. Município do Rio de Janeiro, estado do Rio de Janeiro, 1900.

Você sabia?

Os lampiões usados para a iluminação pública das cidades utilizavam o azeite como combustível e, mais tarde, o gás. Por isso, precisavam ser, diariamente, acesos ao anoitecer e apagados ao amanhecer.

No passado, em muitas cidades, as ruas eram calçadas ou cobertas por pedras. Por isso, a profissão de calceteiro, ou assentador de pedras, era importante, e esses profissionais eram muito solicitados. Atualmente, a maioria das ruas das cidades brasileiras é coberta por asfalto, que é um material mais barato.

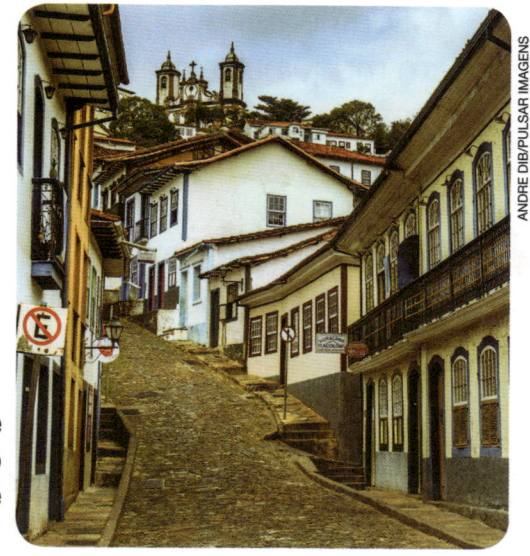

Rua com calçamento feito de pedras irregulares. Município de Ouro Preto, estado de Minas Gerais, 2015.

1 Relacione o profissional antigo à sua função.

1	Acendedor de lampiões.	☐ Calçar ou assentar pedras nas ruas.
2	Entregador de leite.	☐ Limpar e lubrificar com óleo os trilhos por onde os bondes passavam.
3	Limpa-trilhos.	☐ Acender e apagar os lampiões que iluminavam as ruas à noite.
4	Calceteiro.	☐ Entregar leite diariamente nas casas.

2 Compare estas duas fontes históricas e responda às perguntas.

a) Quais são as semelhanças entre os trabalhadores das duas imagens?

b) É possível identificar qual foto é do passado e qual é atual? Como?

Vendedor de vassouras. Município de São Paulo, estado de São Paulo, 1910.

Vendedor de vassouras. Município de São Paulo, estado de São Paulo, 2015.

Antigamente, poucas pessoas tinham máquina fotográfica. Para tirar fotografias, era preciso ir ao estúdio de um fotógrafo profissional.

3 Leia a seguir o relato de Leonice Rodrigues Pereira, nascida em 1963, sobre o dia em que tirou sua primeira fotografia. Depois, responda às questões.

Minha primeira fotografia

Certa vez, num dia muito especial, meu pai foi no pasto muito cedo, pegou o cavalo, arriou o bicho e colocou-lhe a carroça [...]. Era o dia de me levar para tirar a primeira fotografia [...]. Minha mãe levara dias costurando o tal vestido para a tal fotografia na sua máquina de costura à mão. Havia comprado um tecido fino vermelho de bolinhas brancas e rendas para enfeitá-lo. [...]

Fomos em direção ao centro da cidade: o estúdio era uma sala grande cheia de cortinas – um lugar diferente para mim, uma mistura de sagrado com estranho. "Vira para cá... levante a cabeça... mais assim..." Fiquei dura como a minha boneca de plástico. Dias depois meu pai buscou as fotos, as quais eu não me cansava de olhar. Depois de revelar várias cópias de uma única pose, minha mãe enviou pelo correio para várias pessoas da família.

Relato de Leonice Rodrigues Pereira. Museu da Pessoa, São Paulo, 2006. Disponível em: <http://museudapessoa.net/pt/conteudo/historia/minha-primeira-fotografia-41225>. Acesso em: 15 mar. 2018.

a) Quem tirou a primeira fotografia de Leonice?

b) Por que foi um dia especial para Leonice?

c) Como as pessoas da família de Leonice puderam ver a fotografia?

d) Você se lembra de quando tirou sua primeira fotografia?

e) Qual é a diferença entre a fotografia tirada por Leonice e as fotografias tiradas por sua família atualmente?

No passado, a produção artesanal era a maneira mais comum de confeccionar utensílios utilizados no cotidiano, como móveis, ferramentas e roupas. Os produtos eram fabricados manualmente, com a utilização de instrumentos e máquinas muito simples. Fabricava-se pequena quantidade de cada produto, e um mesmo artesão dominava todas as etapas de produção de uma mercadoria, da confecção à venda.

Na atualidade, na produção industrial, há máquinas modernas e complexas. Cada trabalhador ou grupo de trabalhadores controla as máquinas em apenas uma das etapas de produção, sem conhecer o processo completo de fabricação de uma mercadoria. Além disso, a utilização de máquinas complexas faz aumentar bastante a quantidade de produtos fabricados e diminuir o preço da mercadoria.

Sapateiros em oficina de conserto de calçados, 1916.

Operários trabalhando em fábrica de calçados. Município de Novo Hamburgo, estado do Rio Grande do Sul, 2016.

Ainda hoje, o trabalho artesanal existe. Essa atividade valoriza a cultura de diferentes comunidades e mantém antigas tradições, além de garantir o sustento de muitas famílias.

Grupo de artesãs expondo seus trabalhos. Povoado Tatu, município de Quijingue, estado da Bahia, 2015.

Como as pessoas faziam para...

PRODUZIR UMA PEÇA DE ROUPA

Você sabe como era feita uma peça de roupa no passado?

Há muito tempo o algodão é usado na fabricação de tecido, mas com o avanço da tecnologia, a maneira de produzir vestimentas passou por grandes mudanças.

Antigamente, o modo de **produção artesanal** era o mais comum, e a fabricação de roupas era um processo demorado.

1 — O algodão era colhido pelos trabalhadores do campo.

2 — O artesão retirava as sementes do algodão com o auxílio do descaroçador, um aparelho movido por manivelas.

3 — Depois de limpo, o algodão era transformado em fio em uma roca de fiar.

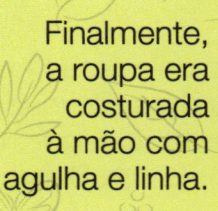

4 — Os fios eram tingidos com cascas e raízes de plantas. Depois, com teares de madeira, o artesão trançava os fios, produzindo o tecido manualmente.

5 — Finalmente, a roupa era costurada à mão com agulha e linha.

Atualmente, a produção de roupas é feita de **modo industrial** em um processo mais rápido.

6 Grandes máquinas fazem a colheita do algodão.

7 O algodão colhido passa por uma série de rolos que removem todas as sementes, folhas e impurezas.

8 O processo de fiação e a tecelagem são feitos em grandes máquinas industriais, que produzem o fio e o tecido rapidamente.

9 Os tecidos são tingidos e enviados às fábricas de roupas, onde costureiros montam as peças que irão para as lojas.

1 Em qual tipo de produção a roupa é fabricada de maneira mais rápida e em maior quantidade?

_____

_____

2 Em qual tipo de produção um mesmo trabalhador domina todas as etapas de fabricação do tecido?

_____

_____

CAPÍTULO 4 — Trabalho e meio ambiente

Impactos ambientais no campo

Impactos ambientais são alterações no meio ambiente causadas por atividades humanas. O grande crescimento da agricultura, da pecuária e do extrativismo causa vários problemas ambientais.

Grandes áreas de matas ou florestas são derrubadas ou queimadas para dar lugar a plantações, pastos e atividades extrativistas. O desmatamento pode levar à destruição do solo e à extinção de espécies vegetais e animais que vivem no local.

Muitos agricultores utilizam **fertilizantes** e **agrotóxicos** em excesso para aumentar a produtividade de suas lavouras. Além de serem prejudiciais à saúde, esses produtos contêm substâncias venenosas que, carregadas pela chuva até os rios, contaminam as águas, podendo matar animais e plantas que nelas vivem.

Trecho da Floresta Amazônica desmatado para pastagem. Município de Tucumã, estado do Pará, 2016.

A preguiça-de-coleira está ameaçada de extinção devido à destruição de seu hábitat. Município de Itabuna, estado da Bahia, 2009.

> **Fertilizantes:** substâncias que tornam o solo mais produtivo.
>
> **Agrotóxicos:** produtos utilizados para impedir que insetos e microrganismos prejudiquem as plantações.

Máquina agrícola aplicando agrotóxico em lavoura. Município de São Francisco de Assis, estado do Rio Grande do Sul, 2014.

Outras substâncias nocivas utilizadas no extrativismo mineral, como o mercúrio, são jogadas nos rios e também poluem as águas e contaminam os animais.

Nocivas: prejudiciais, venenosas.

Ao contrário do que ocorre na agricultura e na pecuária, no extrativismo o ser humano não participa do processo de criação ou de reprodução dos recursos naturais extraídos, o que pode gerar o esgotamento deles.

Existem práticas que tentam reduzir os danos ao meio ambiente. Alguns agricultores cultivam produtos orgânicos sem o uso de fertilizantes e agrotóxicos. Essa técnica pode ainda recuperar terras destruídas. Alguns pecuaristas praticam a recuperação da pastagem para diminuir o desmatamento, plantam árvores e criam reservas ambientais para preservar as florestas nativas.

Garimpo de ouro. Município de Poconé, estado de Mato Grosso, 2014.

1 Escreva os problemas ambientais provocados por cada uma das atividades rurais.

Atividade rural	Problemas ambientais
Agricultura	
Pecuária	
Extrativismo	

Impactos ambientais na cidade

A grande concentração de pessoas, de automóveis, de atividades industriais, de comércio e de serviços nas cidades gera diversos problemas ambientais urbanos.

Substâncias poluentes são lançadas todos os dias pelas chaminés das indústrias e pelo escapamento de veículos motorizados, causando a poluição do ar.

Lixo descartado em córrego. Município do Rio de Janeiro, estado do Rio de Janeiro, 2017.

A água, além de ser bastante utilizada em casa, é empregada na indústria, em grandes quantidades, na produção de bens e alimentos. Entretanto, a água é um recurso natural que pode esgotar-se. Em épocas de poucas chuvas, algumas cidades acabam enfrentando crises de falta de água. Para dificultar a situação, esgotos sem tratamento e lixo são despejados nos rios urbanos, poluindo e contaminando a água.

Para contornar essa situação, muitas indústrias tratam e reutilizam a água durante o processo de produção, seja como matéria-prima, seja de maneira indireta, como na lavagem de equipamentos.

Camada de poluição suspensa no ar. Município de São Paulo, estado de São Paulo, 2017.

Nas cidades, os ruídos de buzinas, motores e máquinas geram poluição sonora, e a grande quantidade de cartazes e anúncios expostos nas ruas provoca poluição visual.

Uma enorme quantidade de lixo é produzida pelas pessoas em suas residências, na indústria, no comércio e nas diversas atividades de prestação de serviços. Garrafas, sacos plásticos, embalagens, latas, papéis e restos de comida são descartados diariamente, acumulando muito lixo na natureza, poluindo a água e o solo.

Por isso, a reciclagem é muito importante para controlar o problema do excesso de lixo. Catadores de lixo recolhem o material e levam para cooperativas de reciclagem. Essa prática contribui para transformar os materiais descartados em novos produtos, reduzindo a necessidade de retirar mais recursos naturais do ambiente e diminuindo a quantidade de lixo.

Homem operando uma britadeira em obra urbana. Município de Diadema, estado de São Paulo, 2014.

2. Observe as cenas e descreva os impactos ambientais representados em cada uma delas.

O que você aprendeu

- Tudo o que usamos em nosso dia a dia envolve o trabalho de muitos profissionais.
- Todas as profissões são importantes para a vida em comunidade.
- Há algumas profissões antigas que não existem mais e outras que continuam a existir.
- Diversas atividades praticadas no campo e na cidade podem causar problemas ambientais.

1 Escreva embaixo de cada imagem os profissionais que podem realizar cada uma das atividades.

Produção e elaboração de alimentos.

_____
_____
_____

Apresentação artística.

_____
_____
_____

Construção de casas.

_____
_____
_____

Cuidado com doentes e prevenção de doenças.

_____
_____
_____

2 Leia o poema e, em seguida, preencha o quadro e responda às perguntas.

O que é que eu vou ser?

Bete quer ser bailarina,
Zé quer ser aviador.
Carlos vai plantar batata,
Juca quer ser um ator.
Camila gosta de música.
Patrícia quer desenhar.
Uma vai pegando o lápis,
A outra põe-se a cantar.
Mas eu não sei o que vou ser
Poeta, doutora ou atriz.
Hoje eu só sei de uma coisa:
Quero muito ser feliz!

Pedro Bandeira. *Por enquanto eu sou pequeno*. 3. ed. São Paulo: Moderna, 2009. p. 24.

	Camila	Patrícia
Gosta de quê?		
Quais profissões ela pode seguir?		

- Elabore uma lista com dez profissões que você conhece. Qual delas parece mais interessante? Por quê?

_____
_____
_____
_____

125

Atividade divertida

Leia as dicas e descubra quem são os profissionais retratados.

Meu trabalho é ensinar. Para aprender a ler e a escrever, comigo você pode contar. Eu sou o _____.

Novidades no ar. Na televisão, no rádio, na internet ou no jornal, as notícias vou lhe contar. Eu sou o _____.

De mala cheia, pelas ruas vou caminhar. As contas e as encomendas na sua casa vou entregar. Eu sou o _____.

Motor, peças e engrenagens, tudo bem lubrificado. Com o meu trabalho, seu carro sempre vai funcionar. Eu sou a _____.

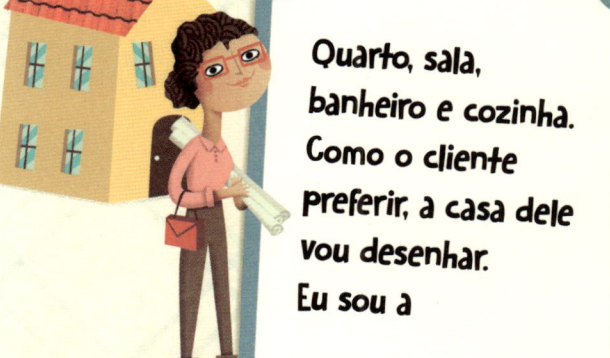

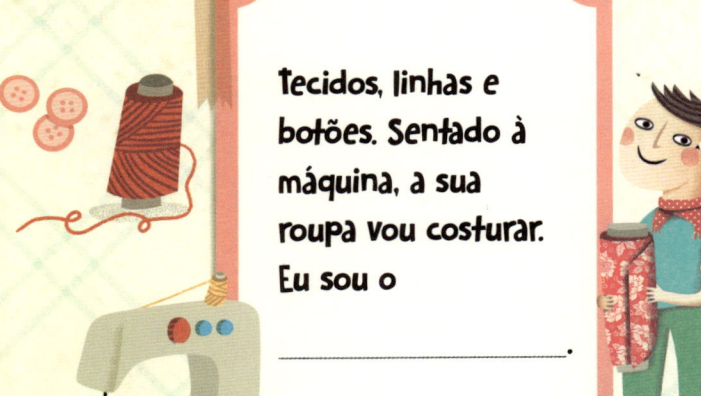

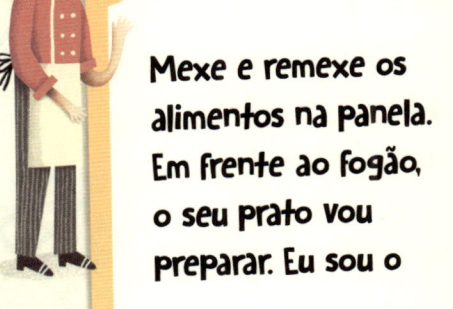

Meu trabalho é proteger. Com coragem e honestidade, estou sempre atento a vigiar. Eu sou o _____.

Quarto, sala, banheiro e cozinha. Como o cliente preferir, a casa dele vou desenhar. Eu sou a _____.

Tecidos, linhas e botões. Sentado à máquina, a sua roupa vou costurar. Eu sou o _____.

Mexe e remexe os alimentos na panela. Em frente ao fogão, o seu prato vou preparar. Eu sou o _____.

Examino os dentes e verifico a saúde da sua boca. Comigo por perto, seu sorriso é sempre aberto. Eu sou a _____.

127

Estes adesivos serão utilizados na Atividade divertida da página 39.

Estes adesivos serão utilizados na Atividade divertida das páginas 68-69.

Estes adesivos serão utilizados na Atividade divertida das páginas 68-69.

Estes adesivos serão utilizados na Atividade divertida das páginas 68-69.